京華通覽

西山永定河文化带

主编/段柄仁

卧佛寺 樱桃沟

李明新/编著

北京出版集团公司
北 京 出 版 社

图书在版编目（CIP）数据

卧佛寺 樱桃沟 / 李明新编著 ；段柄仁主编 . —
北京 ：北京出版社，2018.12
（京华通览）
ISBN 978-7-200-14752-0

Ⅰ . ①卧… Ⅱ . ①李… ②段…Ⅲ . ①佛教—寺庙—
介绍—北京 Ⅳ . ① B947.21

中国版本图书馆 CIP 数据核字（2019）第 050765 号

出版人 曲 仲
策　划 安 东 于 虹
项目统筹 董拯民 孙 菁
责任编辑 董拯民 李更鑫
封面设计 田 晗
版式设计 云伊若水
责任印制 燕雨萌

"京华通览"丛书在出版过程中，使用了部分出版物及网站的图片资料，在此谨向有关资料的提供者致以衷心的感谢。因部分图片的作者难以联系，敬请本丛书所用图片的版权所有者与北京出版集团公司联系。

京华通览
卧佛寺 樱桃沟
WOFOSI YINGTAOGOU
李明新 编著
*
北京出版集团公司 出版
北 京 出 版 社

（北京北三环中路 6 号）
邮政编码：100120

网　址：www.bph.com.cn
北京出版集团公司总发行
新 华 书 店 经 销
天津画中画印刷有限公司印刷
*
880 毫米 ×1230 毫米 32 开本 6.5 印张 134 千字
2018 年 12 月第 1 版 2022 年 11 月第 3 次印刷
ISBN 978-7-200-14752-0
定价：45.00 元

《京华通览》编纂委员会

《京华通览》编辑部

序

PREFACE

擦亮北京“金名片”

段柄仁

北京是中华民族的一张“金名片”。“金”在何处？可以用四句话描述：历史悠久、山河壮美、文化璀璨、地位独特。

展开一点说，这个区域在 70 万年前就有远古人类生存聚集，是一处人类发祥之地。据考古发掘，在房山区周口店一带，出土远古居民的头盖骨，被定名为“北京人”。这个区域也是人类都市文明发育较早，影响广泛深远之地。据历史记载，早在 3000 年前，就形成了燕、蓟两个方国之都，之后又多次作为诸侯国都、割据势力之都；元代作为全国政治中心，修筑了雄伟壮丽、举世瞩目的元大都；明代以此为基础进行了改造重建，形成了今天北京城的大格局；清代仍以此为首都。北京作为大都会，其文明引领全国，影响世界，被国外专家称为“世界奇观”“在地球表面上，人类最伟大的个体工程”。

北京人文的久远历史，生生不息的发展，与其山河壮美、宜生宜长的自然环境紧密相连。她坐落在华北大平原北缘，“左环沧海，右拥太行，南襟河济，北枕居庸”“龙蟠虎踞，形势雄伟，南控江淮，北连朔漠”。是我国三大地理单元——华北大平原、东北大平原、内蒙古高原的交会之处，是南北通衢的纽带，东西连接的龙头，东北亚环渤海地区的中心。这块得天独厚的地域，不仅极具区位优势，而且环境宜人，气候温和，四季分明。在高山峻岭之下，有广阔的丘陵、缓坡和平川沃土，永定河、潮白河、拒马河、温榆河和蓟运河五大水系纵横交错，如血脉遍布大地，使其顺理成章地成为人类祖居、中华帝都、中华人民共和国首都。

这块风水宝地和久远的人文历史，催生并积聚了令人垂羡的灿烂文化。文物古迹星罗棋布，不少是人类文明的顶尖之作，已有 1000 余项被确定为文物保护单位。周口店遗址、明清皇宫、八达岭长城、天坛、颐和园、明清帝王陵和大运河被列入世界文化遗产名录，60 余项被列为全国重点文物保护单位，220 余项被列为市级文物保护单位，40 片历史文化街区，加上环绕城市核心区的大运河文化带、长城文化带、西山永定河文化带和诸多的历史建筑、名镇名村、非物质文化遗产，以及数万种留存至今的历史典籍、志鉴档册、文物文化资料，《红楼梦》、“京剧”等文学艺术明珠，早已成为传承历史文明、启迪人们智慧、滋养人们心灵的瑰宝。

中华人民共和国成立后，北京发生了深刻的变化。作为国家首都的独特地位，使这座古老的城市，成为全国现代化建设的领头雁。新的《北京城市总体规划（2016 年—2035 年）》的制定和中共中央、国务院的批复，确定了北京是全国政治中心、文化中心、国际交往中心、科技创新中心的性质和建设国际一流的和谐宜居之都的目标，大大增加了这张“金名片”的含金量。

伴随国际局势的深刻变化，世界经济重心已逐步向亚太地区转移，而亚太地区发展最快的是东北亚的环渤海地区、这块地区的京津冀地区，而北京正是这个地区的核心，建设以北京为核心的世界级城市群，已被列入实现“两个一百年”奋斗目标、中国梦的国家战略。这就又把北京推向了中国特色社会主义新时代谱写现代化新征程壮丽篇章的引领示范地位，也预示了这块热土必将更加辉煌的前景。

北京这张“金名片”，如何精心保护，细心擦拭，全面展示其风貌，尽力挖掘其能量，使之永续发展，永放光彩并更加明亮？这是摆在北京人面前的一项历史性使命，一项应自觉承担且不可替代的职责，需要做整体性、多方面的努力。但保护、擦拭、展示、挖掘的前提是对它的全面认识，只有认识，才会珍惜，才能热爱，才可能尽心尽力、尽职尽责，创造性完成这项释能放光的事业。而解决认识问题，必须做大量的基础文化建设和知识普及工作。近些年北京市有关部门在这方面做了大量工作，先后出版了《北京通史》（10 卷本）、《北京百科全书》（20 卷本），各类志书近 900 种，以及多种年鉴、专著和资料汇编，等等，为擦亮北京这张“金名片”做了可贵的基础性贡献。但是这些著述，大多是服务于专业单位、党政领导部门和教学科研人员。如何使其承载的知识进一步普及化、大众化，出版面向更大范围的群众的读物，是当前急需弥补的弱项。为此我们启动了“京华通览”系列丛书的编写，采取简约、通俗、方便阅读的方法，从有关北京历史文化的大量书籍资料中，特别是卷帙浩繁的地方志书中，精选当前广大群众需要的知识，尽可能满足北京人以及关注北京的国内外朋友进一步了解北京的历史与现状、性质与功能、特点与亮点的需求，以达到“知北京、爱北京，合力共建美好北京”的目的。

这套丛书的内容紧紧围绕北京是全国的政治、文化、国际交往和科技创新四个中心，涵盖北京的自然环境、经济、政治、文化、社会等各方面的知识，但重点是北京的深厚灿烂的文化。突出安排了“历史文化名城”“西山永定河文化带”“大运河文化带”“长城文化带”四个系列内容。资料大部分是取自新编北京志并进行压缩、修订、补充、改编。也有从已出版的北京历史文化读物中优选改编和针对一些重要内容弥补缺失而专门组织的创作。作品的作者大多是在北京志书编纂中捉刀实干的骨干人物和在北京史志领域著述颇丰的知名专家。尹钧科、谭烈飞、吴文涛、张宝章、郗志群、姚安、马建农、王之鸿等，都有作品奉献。从这个意义上说，这套丛书中，不少作品也可称“大家小书”。

总之，擦亮北京“金名片”，就是使蕴藏于文明古都丰富多彩的优秀历史文化活起来，使充满时代精神和首都特色的社会主义创新文化强起来，进一步展现其真善美，释放其精气神，提高其含金量。

2017年11月

目录

CONTENTS

樱桃沟

旷古梵音（代序）

李明新

这是一片古老的土地，古老得令人惶恐；

这是一片神圣的净土，旷古的梵音透过历史的烟尘和无计的岁月；

这里飞过的北雁，让帝王和百姓共同聆听它们掠过云空的长鸣；

这里静卧了几个世纪的古佛，以“无缘大慈，同体大悲”之心，包容了苍苍莽莽的万物众生。

十方普觉寺是建造于寿安山下的一处千年古寺。寺建于初唐，悠久的历史让它在北京数百所寺观中占有重要的地位。

是的，卧佛寺是一座有着“大唐风度”的古老寺院。初建时它的正名叫作“兜率寺”。

“兜率”者何也？乃“妙造”之意，又作“三十三天最高天”，是佛教内最高的层次。佛经记载，兜率天还为诸多菩萨往生之地。

卧佛寺最初是为了临时安置唐太宗北征时死难将士灵位而建，唐太宗希冀这些与他并肩作战的死难将士，能成为菩萨，得以往生，得享兜率天。

这里供奉着依照唐僧玄奘从“西天”带回的图纸雕琢而成的檀香木卧佛。

自此而始，卧佛寺揭开了绵亘千数年的历史画卷，一段段的传奇在这里上演：辽代的仙人骑着白鹿从这里去樱桃沟的白鹿岩修道养身；金代章宗皇帝的御辇在侍卫们簇拥下，瞻仰古佛神光，再到樱桃沟内的看花台欣赏山色天光；元朝的第五代皇帝“给钞千万贯”修建寺庙、铸造大佛；明代京师里的墨客文人骑驴携友徜徉于斯，写下美丽的诗篇；清帝国的皇帝则修建了庄严的皇家行宫，赐予了无上的佳名……一切的一切使这里留下了威严皇帝、风流骚人、虔诚香客的身影，有了所谓“环都城号为名刹者，曾不及是寺之光显也”的称誉。

自然，这里的史上书写的绝不仅仅是荣耀和辉煌，战火和血腥也不时画下它们的符号和印痕，不过是我们从未掀开过寺中华丽装设的表面，透过缝隙凝视那片血腥及隐藏的历史罢了。

精美绝伦的铜卧佛隐藏在静垂的宝幢后面，见证了那段耗费千万、历时数年的寺院大修。1320 年是元朝的延祐七年，身为皇子的硕德八剌即皇帝位，是为英宗皇帝。嗜佛的英宗皇帝并不理解佛的教育内涵，他完全忘记了佛说的慈悲、得乐的思想，在国家统治并不繁盛、百姓生活并不富裕的情况下，于是年九月下令在兜率寺旧址上修建“寿安山寺”。次年，朝中大臣索约勒哈达墨色、监察御史观音保等人“上章极谏”，认为“东作方始而兴大役，以耗财病民，非所以祈福也”。

固执的英宗不听劝谏，“杀索约勒哈达墨色与观音保，杖（成）圭、（李）谦亨，窜诸遐裔”。三个月后，“冶铜五十万斤作寿安山寺佛像”，就是今天卧佛殿内的绝世稀品铜铸大卧佛了。

王朝更替的刀光剑影，是卧佛寺盛衰史上的常客。每一场战争后，寺院都会受到冲击，祈求佛法保佑的施主或死或逃，就连僧者，在文献中也是“饥僧二三人，守败椽”的悲惨形象。元代数位君主精心经营的西山名刹在元末战争的烈火中受到了几乎毁灭性的打击，而铜质的卧佛，不知是佛法无边，还是因材质原因，在一次次冲天的烈火中，依然完好无缺。160 年后，明朝宪宗皇帝说卧佛寺“规制悉毁于兵，漫不可考”，为战争破坏寺院延续、发展做了一个小小的注脚。

卧佛寺最后的辉煌是在清雍乾时期。雍正时期，怡亲王允祥出资对卧佛寺进行大规模的修缮，雍正皇帝赐名为“十方普觉寺”，并为每一进院落题写匾额、楹联。从此后，“十方普觉寺”就成了卧佛寺的正名。

才情傲世的乾隆皇帝自然不肯落于人后，他在明宪宗建宝塔的地方，建了我们现在依然可以欣赏到的金碧辉煌的琉璃牌楼，还在卧佛寺的西面建设了西路行宫院。这位文采风流的皇帝还先后作了 20 多首诗，记述卧佛寺的历史和胜景。

天地同辉，卧佛寺不仅是不同朝代帝王们表演的舞台，各朝各代的文人墨客也在这里上演他们的悲欢离合。

空山寺钟是梵音，也是诗韵。大凡文学名家，都对悠扬的经诵、对寺院的林泉之雅心神往之。这其中的神机正如王世祯所言："舍筏登岸，禅家以为悟境，诗家以为化境，诗禅一致，等无差别。"寺院是让文人们真切可感的、空灵莹澈的艺术世界。于是，在卧佛寺史上和帝王足迹同行的还有文化大家们的绝唱：袁中道、文徵明、谭元春、朱彝尊、宋荦、于奕正等文坛耀星以诗作在古寺神会，以诗章展示才情。

清代画家郑板桥与卧佛寺住持青崖和尚的交往更可以称得上一段佳话，二人关系甚密，常一共品茶论诗，板桥有"西风肯结万山缘，吹破浓云作冷烟。匹马寻径黄叶寺，雨晴稻熟早秋天。夜深更饮秋潭水，带月连星舀一瓢"的诗句。试想，一位是高僧，一位是高人，禅友加诗友，在朗朗秋日的夜晚，促膝长谈，天机融畅，该是怎样的情景，怎样的风度啊。

庚子年间（1900）八国联军的战火不仅摧毁了"万园之园"的圆明三园，也对卧佛寺造成了无可估量的损失。"三山五园"内肆虐了几天几夜的熊熊火焰和城里不时传来的隆隆的枪炮声，让寺僧们惊恐不安，《卧佛寺志》就在他们仓皇逃命的脚步中遗失了。

《卧佛寺志》，那是怎样辉煌的一段历史的记载啊！寺志遗失后，依托这座寺庙修炼真身的寺僧们，却再也没有补写、续写过寺志——那把火烧掉的不光是华美的宫殿，也烧掉了古寺的灵魂。

我是无意诋毁已经遁入"空门"的僧人的，因为，那一件件袈裟后面的，也是一具具血肉之躯。但是，在中国，一座寺庙自它建立后的第一任住持始，一任任衣钵相传的不仅仅是法杖的威严，更是一种独特的精神构建与精神延承；丢失了灵魂的寺庙，只能由着鱼贯般出入的和尚们“撞钟”了。

所有发生的一切都已经过去，所有过去的一切还会发生，这就是历史。让我们用笔在古佛前漫言，让所有的言语与青灯为伴，与那些在这块土地上演出过的古人为伴。一切因佛而生，一切赖佛保佑。

这片土地是古老的，古老年代和古老的历史文化。今天，我们站在古老的土地上；明天，我们将和这古寺一起变成古老的历史。不过，我希望，我们这一颗颗在无尽历史长河中的微笑尘埃，能够为古寺的发展留下一点点的时代印痕，毕竟不应该是苍白的——古佛为证。

廣慧觀
普覺寺

卧佛寺

概　述

清风流水，钟鼓晨昏，1300 年静静过去了，卧佛寺和寺中的卧佛，就这样守护着一方净土，不在意山外的世界，是怎样由唐而元，再由明而清，一路劫火烽烟走到今天？

卧佛寺正名为“十方普觉寺”，始建于唐贞观年间，距今已有 1300 多年历史，是北京现存的最为古老、规制最高的寺院之一。卧佛寺之名为俗称，因寺中主尊为卧佛造像而得。

从始建到清王朝灭亡，卧佛寺一直是皇家寺院。它的住持由皇帝钦点；它历朝历代的修缮，费用均出自“帑银”；它的供奉也体现了帝王们对佛的虔诚。清雍正、乾隆时期，在卧佛寺的西路院建起行宫院，这里又成为帝王礼佛、处理公务和澄怀静心之所。

卧佛寺始称“兜率寺”，为天宫最高层之意。在 1000 多年的历史演变中，寺名几经更改，曾有“昭孝寺”“洪庆寺”“寿安寺”“永安寺”等名。清雍正皇帝在卧佛寺大修后，为该寺赐名“十方普觉寺”，此名沿用至今。

该寺建筑格局规整，其整体布局按清代建筑平面可分为牌楼、月池、钟鼓楼、佛殿、寺僧起居和行宫六部分。

佛殿包括山门殿、天王殿、卧佛殿、藏经楼。自山门殿至卧佛殿，砌甬路贯通南北，构成整个寺院布局的中轴线。四周廊庑形成一长方形“四合头”封闭院落，此院落统称为佛殿院。梁思成先生认为该寺保持了唐宋以来“伽蓝七堂”格局，“在北平一带，却只剩这一处唐式平面了”。

卧佛寺总占地面积达 4 万余平方米，有东、中、西三路院落，前后五重殿宇，规模宏丽而严整，被雍正皇帝誉为“入山第一胜境”“西山兰若之冠”。

唐代的檀香木卧佛与元英宗所铸铜卧佛，在 400 多年的历史时空中共存一寺，这在建筑史、宗教史上均为奇观。加之卧佛寺周边自然环境优美，寺内独特的植物景观，使得卧佛寺不仅是帝王们御驾频莅，也是文人墨客踏青郊游的胜地。自元代以来，众多名人留下了大量诗赋题咏，成为我们了解卧佛寺历史的珍贵资料。

古寺千年

卧佛寺正名十方普觉寺，始建于唐代贞观年间，至今已有1300多年的历史。卧佛寺初建时名兜率寺。

“兜率寺”的名字，首先要从唐太宗征高句丽谈起。高句丽是隋唐时代兴起于我国东北部的强大政权，因其骁勇善战，对中原王朝造成了强大的威胁。为解除边患，安定国家，隋炀帝先后三征高句丽，民生凋敝，并引发了隋末农民战争，以致隋朝灭亡。

唐朝建立后，强大的高句丽政权依然威胁着唐朝的边界安全。同时，高句丽还不时出兵侵占朝鲜半岛上的新罗，新罗无力抵抗，屡向唐朝求援。

为了彻底解决边患，扶植新罗，唐太宗贞观十八年（644），唐军出兵征高句丽。初战，唐军屡战屡捷。至次年九月，天气转冷，太宗皇帝下令班师。途经幽州时，为了悼念东征阵亡的将士，太宗皇帝于城内建悯忠寺（今法源寺），而于西郊建兜率寺。（《天府广记》卷之三十八《寺庙》载："唐悯忠寺建于贞观十九年，太宗悯东征士卒战亡者……于幽州城内建悯忠寺"）为什么此寺名为"兜率"呢？

佛经记载，兜率天为诸多菩萨往生之地。如《佛本行集经》载："或见无量诸菩萨等于诸佛边修行梵行，后得生于兜率天宫，从兜率下，入于母胎。""彼燃灯佛作菩萨时，于末后身生兜率天，从兜率天降神来下。"《普曜经》则云："我等今见护明菩萨如是功德具足之体，生兜率天。此兜率宫如是福聚、如是端正、如是微妙、如是庄严。护明菩萨，舍离下生。"可见，护明菩萨、燃灯菩萨及无量菩萨皆曾住兜率天。

卧佛寺最初是为了临时安置唐太宗北征时死难将士灵位而建，唐太宗希冀这些与他并肩作战的死难将士，能成为菩萨，得以往生，得享兜率天。

唐太宗修兜率寺时，正值玄奘法师刚刚从天竺回到中土。玄奘法师从天竺带回梵文佛经657部和各种佛造像，卧佛寺的主尊"丈六金身旃檀卧佛"，就是根据玄奘带回的图纸塑造的，"卧佛寺"的称呼也由此而来。此名一直沿用至元代延祐年间。

延祐七年（1320），元英宗硕德八剌继位。这位17岁的年轻帝王是一位十分有作为的皇帝。他推举贤能，精简机构，节制财用，减轻徭役，加强法制，推行汉法，生活上也很是自律。当发生地震灾情时，他"减膳、彻乐、避正殿"。他整肃朝纲，曾劝诫群臣说"卿等居高位，食厚禄，当勉力图报。苟或贫乏，朕不惜赐汝；若为不法，则必刑无赦"。

他笃信佛教，一登上宝座，便大兴佛事，开始扩建卧佛寺。九月，下令在唐兜率寺旧址上修建“寿安山寺”，并“给钞千万贯”，以拜住为督造。次年，改元“至治”。十二月，“冶铜五十万斤作寿安山寺佛像”。寿安山寺佛像就是如今卧佛殿内身长 5.4 米的铜铸卧佛。

令人不解的是，当时寺内檀香木卧佛就供在现在三世佛殿的龛位上，为何英宗要再铸一尊铜卧佛呢？此事一直无解，有待深入研究。遗憾的是这尊铜卧佛并未护佑这位年轻的皇帝，由于英宗“励精求治”“一新机务”改革措施，触动了皇室贵族的利益，遭到一部分保守的蒙古贵族强烈反对。元至治三年（1323）英宗被反对派刺杀，史称“南坡之变”。

英宗被刺身亡后，晋王也孙铁木儿被拥立为皇帝，史称泰定帝。虽然，卧佛寺的工程尚未完工，但元政府已经迫不及待地使用这座京西巨刹了。泰定元年（1324）二月，刚继位不久的泰定帝也孙铁木儿“修西番佛事于寿安山寺，三年乃罢”。

“西番佛事”指的就是藏族喇嘛教的佛事。元世祖忽必烈封萨迦派五祖八思巴·罗追坚赞（1235—1280）为国师、帝师，领总制院事，管理西藏地方政教事务。因此，元代皇帝普遍信奉喇嘛教。

元文宗对卧佛寺也是情有独钟，为了继续修建、完善卧佛寺工程，他还为卧佛寺设立了专门的管理修缮机构，天历元年（1328），设立“寿安山规运提点所”；三年，改“昭孝营缮司”，为继续完善卧佛寺做机构上的准备。

三年后，即至顺二年（1331）正月，文宗以寿安山英宗所建寺未成,命萨勒迪等总督其役。工程完工后,为了保证寺庙的生存,同时,“以晋邸部民刘元良等二万四千余户，隶寿安山大昭孝寺永业户”。

经元代几朝皇帝“役万人，举重资”的修建，卧佛寺成为规模宏大、声名远播的大寺庙，在西山地区“最称巨刹”。

卧佛寺的名称在元代几经更改，始称“寿安山寺”——得名于其后的寿安山，中期称作“大昭孝寺”，元末则改称“洪庆寺”。

自元至治元年（1321）到清雍正十二年（1734），在 410 多年的时间里，两尊卧佛共存一寺，这在各大寺庙委实少见，可谓是中国建筑史和佛教史上一大奇观。

明朝曾五次翻修、六次接驾，是该寺的一段显盛时期。第一次是宣德末至正统初，高僧广霖募诸中贵重修。“中贵”指皇帝身边宠爱的近臣，也就是说，广霖这次翻修寺庙的费用都是私人捐助，翻修属于私人行为。其余的四次翻修，都是由国家拨款。

第二次是正统八年（1443）后，明英宗鼎新修建，“构殿宇以及门庑,杰制伟观,穹然焕然,非复昔之莽苍比矣”,赐名为“寿安禅林”，并颁大藏经一部，置于佛殿之内。

英宗帝“值佳时择日，亲御六龙以临幸焉”，并赐“白金、楮币为香火之费”。由于皇帝的重视，文献称“盖环都城号为名刹者，曾不及是寺之光显也”。至此，卧佛寺再次更名为“寿安禅寺”。

第三次是成化十八年（1482），此次改观最大，宪宗于现在琉璃牌楼前的小广场敕建寿安寺如来宝塔一座。春三月，动工修建宝塔，至冬十一月落成，历时八月。

建成的宝塔高六丈九尺，阔五丈四尺，深三丈五尺，顶覆相轮，檐悬宝铎，四周丹垩绘饰，塑菩萨神天之像。塔内藏有佛骨舍利，塔外建有左右二殿，各高二丈四尺。宪宗不但出重金建塔，而且还将香山乡民人谢真等户内地五顷二十五亩，赐予寿安寺如来宝塔供奉香火。

第四次是嘉靖三十五年（1556），复重修。

第五次是万历十四年（1586），神宗出内帑重修，又赐《大藏经》及锦被等物。

据《宛署杂记》《日下旧闻考》等书记载，明英宗、宪宗、武宗、世宗、神宗五个皇帝，都曾驾临该寺，其中神宗朱翊钧还去了两次。

明末清初，社会动荡，十方普觉寺亦冷落了一段时间。时人曾有“乱后寺废，香灯久断矣”的记载（《天府广记》卷三十五）和“饥僧二三人，踏落叶、守败椽”的描述（《北游录》）。

清雍正八年（1730），怡亲王允祥出资对卧佛寺进行修缮，不久亲王身没，其子弘晈、弘晓继之，将寺内所存的东、中两路建筑全部进行翻建，对原有佛像进行修复、重塑，原供奉在三世佛殿的檀香木卧佛被移走。工程一直延续到雍正十二年（1734）末，方才竣工。现立于三世佛殿前的雍正皇帝撰《御制十方普觉寺碑》，详细记述了修寺的缘起、经过，并敕赐寺名为“十方普觉寺”的缘由。“十方”指东、南、西、北、东南、西南、西北、东北、上、下十个方位。雍正皇帝之所以要给卧佛寺赐名“十方普觉”，是基于释迦牟尼佛卧游的理解而起，他认为佛有大法力，能够普知宇宙所有的事情。一佛独卧，十方普觉。从此，“十方普觉寺”成为卧佛寺的正名，并一直沿用至今。

修葺后的十方普觉寺，“琳宫梵宇，丹雘焕然，遂为西山兰若之冠”。高宗弘历曾在弘晓等人的陪同下游览，并留下了“两峰辟仙路，其背众岭环，兰若百年余，胜境非尘寰”（《日下旧闻考》卷一百一）的赞誉。乾隆六年（1741）御制望西山诗中写道：

迤逦西峰翠霭侵，纱幮闲凭散幽襟。

无心最喜云生岫，得句多因座对岑。

黛色烟光相罨画，卧游静赏当登临。

晚来兰若僧方定，遥想疏钟度远林。

乾隆四十八年（1783），弘历又对十方普觉寺进行了一次扩建，华美富丽的琉璃牌楼和西路幽静的行宫院，都是这次增筑的。

乾隆皇帝喜作诗，一生有四万多首诗留世。他的诗有很重要的史料价值，因此从他的多首卧佛寺诗中，得知卧佛寺行宫建于乾隆四十八年（1783）这次大修。对于香山百姓口中一直流传的“雍正行宫”，有可能是雍正曾经驻跸过，或雍正时有小规模行宫，而乾隆将其扩建成完整的一路院落，有待进一步考证。

慈禧皇太后和光绪皇帝曾有驾幸卧佛寺的记录，光绪十二年（1886）到十四年（1888）左右，清廷曾经有过一次对西郊皇家园林的普遍整修，在这次大修中，卧佛寺也作为“搭车”工程做了修护。

晚清时，卧佛寺樱桃沟一带曾为清宫的部分太监管理。由于资金困难，民国初年，北京基督教青年会与卧佛寺方丈签订了租房合同，每年以 100 银圆的租金，租借了卧佛寺东、西二院的大部分房屋，租期为 20 年。

卧佛寺在民国时期，经历了两次修缮。第一次为 1929 年，由“普济佛教会”捐资修葺；第二次是 1933 年，由中华民国参议院参议员王泽攽家族倡议，天津产业界集资修复。

1932 年，著名建筑学家梁思成携林徽因考察了卧佛寺，之后在《中国营造学社汇刊》发表了《卧佛寺的平面》一文，文中指出卧佛寺保持了唐代寺庙“伽蓝七堂”的格局，有着很高的价值。

中华人民共和国成立后，卧佛寺划归北京市公园管理委员会领导。1955 年北京市政府拨款 35 万元，对年久失修的卧佛寺进行了修缮。此次修缮，不仅对卧佛殿、三世佛殿挑顶大修，还修建了从“智光重朗”牌楼往南至卧佛寺十字路口的 6 米宽水泥板路，方便了游客游览卧佛寺。

1957 年，卧佛寺被列为北京市第一批文物保护单位。

1960 年，卧佛寺最后一任方丈智宽和尚去世，工作人员在整理其遗物时，发现一张纸条，上写“卧佛寺志，光绪庚子年（1900）散失”。

1966 年，“破四旧”运动波及卧佛寺，为了保护琉璃牌楼，北京植物园职工给它抹上白灰，上书毛主席语录，职工们还将乾隆皇帝御笔“双林邃境”和慈禧皇太后御笔“性月恒明”牌匾偷偷收藏起来，使这些珍贵文物得以幸免。但寺内 50 余尊佛像被推倒砸碎，三世佛殿前的石碑被拉倒，雍正御制的十方普觉寺碑被用火烧后，又冷水淬激，以致断裂。千年古寺，面目全非。此时恰值周恩来总理到碧云寺视察，见到寺内惨状，当即指示封闭了卧佛殿，停止对外开放，才使这座古寺逃脱了完全被毁的噩运。

1973 年，北京市政府对卧佛寺进行了修复。4 月 7 日，周恩来、邓颖超到卧佛寺视察，批准香山碧云寺和卧佛寺对外开放。

1983 年，国家对卧佛寺进行了大规模修缮，这次修缮，复建了“智光重朗”牌楼，修复了行宫院，恢复了三世佛殿的三世佛像和十八罗汉，完成了寺内佛像彩绘。至 1984 年底，卧佛寺堂院整洁，佛殿肃穆，古木扶疏，恢复了古寺风貌。

1984 年后，卧佛寺又经历了数次修缮。2000 年对殿内佛像进行了铜箔改贴金改造。2004 年成立文物管理队，加大了对卧佛寺的管理力度。2006 年修缮东西配殿，恢复了祖师殿和伽蓝殿。2007 年修缮佛像须弥座，将水泥座改为青白石座。2009 年国庆前投资 200 万元修缮了三世佛像金刚座，为佛像重新贴金，并增加了背光。至此，卧佛寺彻底达到了大乘佛教唐代禅宗皇家寺庙的等级标准。2001 年被定为国家级重点文物保护单位。至此，这座有着 1300 多年历史的古老寺院，再次焕发出盛世光彩。

古寺建筑

卧佛寺的景观分为建筑景观和植物景观两大部分。由于建筑保存完整，今天的卧佛寺，基本上能够反映其历史风貌。

卧佛寺全寺殿宇五重，禅房深邃，山光花影交相掩映。寺后是园林区，亭阁池台错落，古木森严，清幽绝尘，极尽园林之胜。

卧佛寺建筑景观的特点是：寺院规制严整，保持了唐宋“伽蓝七堂”的风格；殿宇宏阔，庄严肃穆，具有皇家寺院的特点；供奉的主尊铜卧佛造像，为国内铜质卧佛重量、体量以及艺术性之首。

卧佛寺植物景观的特点：古老奇特，为北方所稀有；与周边自然景观契合，有寺庙园林的观赏性。

卧佛寺建筑布局规整，其整体布局按清代建筑平面可分为牌楼、月池、钟鼓楼、佛殿、寺僧起居和行宫六部分。

卧佛寺建筑平面示意图

“智光重朗”牌楼

“智光重朗”牌楼位于卧佛寺的最南端，是卧佛寺第一处景观。牌楼四柱三间三楼，柱出头庑殿式木质，灰筒瓦顶，朱红漆柱。朝南的正楼额枋上书写着“智光重朗”四字，两边次楼额枋上原书“如来胜景”。牌楼背面书有“妙觉恒玄”四字。按照卧佛寺的修缮历史来看，卧佛寺第一重牌楼上的“智光重朗”四字，应该是卧佛寺在乾隆四十八年（1783）重修之后题写的。清人麟庆在《鸿雪因缘图记·卧佛遇雨》中写道：“人道处又立绰楔，门径宏丽。”“绰楔”，即是这座牌楼。

“智光重朗”牌楼

清末民初时期，这座牌楼受到破坏，寺庙因贫困，无资重修，勉强竖了几根简陋的木牌充当牌楼。1932 年 6 月，梁思成携夫人林徽因一起到卧佛寺考察，曾见到此景。他们在《卧佛寺的平面》一文中写道：“在最前面，迎着来人的，是寺的第一道牌楼，那还在一条柏荫夹道的前头。当初这牌楼是什么模样，我们大概还能想象，前人做的事虽不一定都比我们强，却是关于这牌楼大概无论如何他们要比我们大方得多。现有的这座，只说它不顺眼，已算十分客气，不知哪一位和尚化来的酸缘，在破碎的基上，竖了四根小柱子，上面横钉了几块板，就叫它做牌楼。这算是经济萎衰的直接表现，还是宗教力渐弱的间接表现？一时我还不能答复。”

现在的牌楼是 1983 年在旧址上，按照原有规制复建的。

丛林坡道

卧佛寺“智光重朗”牌楼至“同参密藏”牌楼之间，是一段矮墙相护、古柏夹道、步步升高、长134米的石砌坡道。坡道分作三路，由两行粗壮茂盛的古柏分隔开来。中间一路为寺庙原有的古道，稍宽，两边较窄。古柏夹道之间是石道，《鸿雪因缘图记》称其为“驰道”，“长里许，夹以古桧百章”。清初，隐居在樱桃沟著书的孙承泽在《天府广记》中有“大松两行拥之，香翠扑人衣裾”的描述。

古柏夹道

整个坡道有侧柏 41 株，其中丁级古侧柏 37 株，最粗者胸径达 1.42 米，胸围达 4.48 米。据推测，这棵最古老的柏树树龄已达 1300 多岁，是唐朝建寺时所植。整条坡道古柏耸列，树影斑驳，夹路参天，且路面徐徐升高，使人们感觉从尘世一步步走近佛境，顿起庄严肃穆之感。

“同参密藏”牌楼

丛林坡道的尽头即是卧佛寺的大门，“同参密藏”牌楼（即琉璃牌楼）是卧佛寺的标志性建筑。琉璃牌楼建于清乾隆四十八年（1783），四柱三间七楼，单檐歇山黄琉璃瓦顶。须弥座、夹杆石和拱门为白石雕刻，柱间隔以朱墙。两侧次楼匾上镶有琉璃砖拼接的二龙戏珠图案，中间正楼匾上镌有乾隆皇帝御书的“同参密藏”四字。背面为“具足精严”四字，亦为乾隆皇帝所题。琉璃牌楼华丽精美，五彩斑斓，规模宏大，堪称寺内一绝。该牌楼与香山昭庙、国子监、东岳庙等地琉璃牌楼同等规模，是北京最富丽堂皇、做工最精美的牌楼之一。

明成化十八年（1482），明宪宗敕建寿安寺“如来宝塔”就在此处。这座宝塔“蟠固峻峙，巍峨山立，而神光华灯，昕夕露现，屹望于数百里外，真福地之奇迹也”。为了纪念工程的建造，宪宗亲自撰写了《寿安寺如来宝塔铭碑》（摘自《日下旧闻考》卷

卧佛寺琉璃牌楼

一百一）：

去都城西北半舍许，即香山乡，其地与植，沃衍葱郁。民居、僧舍，联处而不断，盖近圻之胜概也。

直乡西北有山曰寿安。山不甚高，而蜿蜒磅礴之势来自太行，至此与居庸诸山相接。

山之阳有寺曰寿安禅寺。寺创于唐，其始名兜率，后改名昭孝、洪庆。历年既远，其规制悉毁于兵，漫不可考矣。

正统中，我皇考英宗睿皇帝临御日久，天下承平，民物蕃庶。因念世道之泰、治化之隆，必有默相阴佑之者，而金仙氏之教实本于慈悲、宏于济利、归于正觉，所以劝善化恶咸趋于正者，不无补于世也。乃眷是寺，鼎新修建，构殿宇以及门庑，杰制伟观，穹然焕然，非复昔之莽苍比矣。已乃敕赐今名，颁《大藏经》一部，置诸殿。值佳时择日，亲御六龙以临幸焉。并赐白金、楮币为香火之费。于时缁流拜稽，俯伏兴念，莫不庆幸千载之一遇。盖环都城号为名刹者，曾不及是寺之光显也。

迩来又三十有余年矣，朕惟皇考之志是崇是继，乃暇日因披图静阅，知寺犹有未备者。命即其前高爽之地营建如来宝塔一座，辇土输石，重叠甃砌，既周既密，式坚且好，阑槛云拥，龛室内秘，宝铎悬其檐，相轮覆其危，丹垩之饰周匝于内外，诸佛菩萨神天之像层见于霄汉间。

盖其高以丈计者七，而缩其为尺者一，其阔以丈计者五，而赢四尺，其深比阔杀二丈一尺。蟠固峻峙，巍峨山立，而神光华灯，昕夕露现，屹望于数百里外，真福地之奇迹也。

既又于其下构左、右二殿，各高二丈而赢四尺，经始于成化壬寅春三月，落成于冬十一月。既成，藏舍利塔中，若昔阿育真相为之者。

嗟夫！朕建斯塔，非徒以崇观美也，所以表是寺得其地、得其山，又得我皇考恩光之沾被，足以传千载而不朽也。所以揭大法于有象，示万目之指归，使夫乐善者知所趋，稔恶者知所悟，而不迷其途也。所以示百千世界，俾皆兴其精进之心，皆破其邪惑之见而成其善果，则足以上答天地祖宗之恩，下为生民造福也。愿力所及，欲丕显丕承，肆捉笔纪成绪以告夫来者。

成化十八年十一月立

此塔自明成化十八年（1482）建成，历经 300 年风雨已难以支撑，在乾隆四十八年（1783）大修时改建为现在的琉璃牌楼。

月　池

卧佛寺放生池以条石砌就，呈半月形，故又名月池。

佛教认为放生就是慈悲的一种具体表现。为了方便信众放生，寺庙中一般都建有放生池，供信众对鱼、龟等生灵进行放生。因为信仰放生即是积德，所以放生池又名“功德池”。月池东西长30.8 米，南北最宽处 9.5 米，四周有石栏板、栏杆维护。池中正对寺的中轴线，月池之上架单拱汉白玉石桥，入寺僧众须从此过，方可入山门。过桥两侧是草坪和花圃，整体造型优美。

民国时期的月池为短墙围护，池东北角开口，使人可近水面。

钟鼓楼

在月池北边的东、西两侧，按照“晨钟暮鼓”的规制，山门殿前东侧为钟楼，西侧为鼓楼。钟鼓楼皆为方形，面阔 6.2 米，双层高 8.1 米，重檐歇山灰瓦顶。

钟、鼓是寺院内的起居号令，凡遇有重大的佛事活动，或撞钟或擂鼓，或钟鼓齐鸣，皆按宗教章程有严格的规定。钟楼内

钟楼、鼓楼

保存着铸于明万历辛丑年（即万历二十九年，1601 年）的铁钟。铁钟造型优美，声音清脆悠扬，是卧佛寺内重要的历史文物。其中一面钟身上镌“敕赐洪庆寺重开山门第一代住持智亮”字样。根据这句铭文，似乎万历二十九年（1601）有一次重修，此钟为纪念那次修缮而铸。目前尚未找到相应的文献资料，有待进一步查证。

山门殿

卧佛寺山门殿位于放生池的正北面。殿面阔三间，歇山筒瓦顶。殿额“十方普觉寺”原为雍正皇帝所赐，现为中国佛教协会原会长赵朴初题写。殿内两侧供奉哼哈二将立像。哼哈二将像原高 2.95 米，“文化大革命”中被破坏。现有塑像为 1984 年重塑，现像高 4 米，威风凛凛，形象生动。

佛陀要求比丘到僻远的山区修行，因而寺院多建于山林寂静之处，寺院的大门也就被称为“山门”了。因佛教的山门多为殿堂式，故也称山门殿。

山门殿东、西两侧各开一小门，三门并立，故山门殿亦称作“三门殿”。

明代，卧佛寺以塔为门。《帝京景物略》“卧佛寺篇”有“行老柏中数百步，有门瓮然，白塔其上，寺门也”的记载。既有塔门，则不应复有殿门，可知，如今的殿式山门为清代修缮时改建。

卧佛寺自山门殿至卧佛殿，一条砖砌甬路贯通南北，构成整个寺院布局的中轴线。卧佛寺山门殿与天王殿之间有东、西配厅各五间，大式做法，硬山箍头脊，筒瓦顶。配厅的南侧各有西配房三间与南配房相衔；配厅北侧各有西配房五间与东、西配殿相连。

山门殿

彩绘哼哈二将

天王殿

天王殿位于山门殿北侧，是卧佛寺的第二重殿宇。山门殿与天王殿前以砖砌甬路相连。天王殿面阔三间，飞檐歇山顶，门外放置着铜制方形香炉，殿正中供奉袒胸露乳、笑口常开的弥勒佛（民间俗称布袋和尚）坐像。卧佛寺弥勒佛像原为木制漆金，高 1.6 米，“文化大革命”中遭到破坏。现供奉弥勒佛像高 1.15 米，泥塑。

弥勒佛两侧为四大天王泥塑彩绘像，原像高 3.4 米，现像为 1983 年底重塑。四大天王的排列为：东北是东方持国天王，其身白色怀抱琵琶；东南是南方增长天王，其身青色执宝剑；西北是北方多闻天王，其身绿色执宝伞；西南是西方广目天王，其身红色持蛇类。四大天王脚下各踏二鬼神，以示威武。

彩绘多闻天王、彩绘广目天王、彩绘增长天王、彩绘持国天王

弥勒佛像后为韦驮泥塑站像。卧佛寺原韦驮为木制漆金，高1.95 米，现为泥胎。

韦驮是南方增长天王掌管下的八大神将之一，居四大天王三十二神将之首，所持神器为金刚杵，亦称“降魔杵”。卧佛寺韦驮菩萨塑像手中金刚杵杵尖向下，说明此处为皇家寺庙，拒绝他处僧人挂单。

天王殿内原有一尊铜制小弥勒佛像和一铁磬，殿门额上悬“汝心无住”匾一块，此匾与佛像均毁于“文化大革命”中，现殿内佛像均为 1983 年底重塑。1958 年北京市文物局调查时，天王殿有配殿各三间，面阔 11.95 米，进深面阔 7.9 米，大式做法，歇山筒瓦顶。

甬路东侧有石碑一通，为民国时“洋灰大王”王锡彤之子、

天王殿及两侧碑

海松及重修卧佛寺碑

中华民国参议院议员王泽攽撰文。文中记述了民国时重修卧佛寺的起因和过程：

重修西山普觉寺碑

汲县王泽攽撰文

江阴童坤厚书丹

北平西山，刹竿相望。由香山而北，峰谷萦回，林木蓊翳。有普觉寺建自李唐，状释迦牟尼佛示寂之相，右胁而卧，俗称卧佛寺。

清初雍正年间辟为十方丛林，敕改今名。世宗雅好佛法，尝召青崖禅师留止宫中，参究禅学，宠遇逾恒。高宗嗣位，命师来主寺席，开坛说戒，大弘宗门，沿及清季，犹号清修胜地。

近世以来，四郊乡垒，殿宇失修，渐就倾圮。

民国十八年，普济佛教会捐资修葺，营治数载，规模已具，全工未竟。

癸酉五月，泽颁承严命，奉先妣赵太夫人遗榇，卜葬西山之麓，距寺东百余步，灵舆莅止，暂僦寺屋，以营葬事。

当是时，长城告警，山中一夕数惊，加以霪雨经旬不克，蒇工是惧，中心惶惑，莫可为计。则唯口宣佛号，顶礼佛前，冀垂哀祐。

灵舆既举，阴雨未已，出寺之顷，豁然开霁。仰视天际，祥光拥现，曦轮赫奕，灵贶昭著，众目睽睽，叹未曾有。葬事甫竣，阴雨如故，谓非佛慈加被曷克臻此，泽敓于莫可如何之中，竭诚叩祷。初不意大雄大力覆护群生，感应若斯其捷也。

泽敓寄居寺中凡六阅月，目睹未竟之工，深为之惜。而诸佛菩萨像历年已久，金饰黯淡，中心尤为不安。因念胜道场地，轨范人天，无方大用，有感斯应，以泽敓一人之诚求，犹获不思议之异征，苟由一人而推及于人人；俾现在之人见之而发心，未来之人闻之而起信，合千万人之心力，至诚感格，于以弭无究之灾祲，跻斯世于安乐，其为利益岂有量哉！

谋诸父兄，爰请善信，醵资八千余元，甲戌春仲重行修造，秋季告竣。计塑金像十三尊，山门、殿宇、僧寮依次补葺，添造西院库房九间，疏浚旧沟渠二百余丈。

既毕工，住持智宽请书其事于石，以诏方来。敬为铭曰：

大觉世尊，利生愿切。无生灭中，示有生灭。

拘尸那城，双林入寂。瑞相殊胜，妙谛若揭。

唯右北平，为古燕国。厥有名山，在城西北。

中有梵宇，是名卧佛。娑罗双树，犹堪仿佛 。

翳我失恃，仰天泣血。敬奉严命，往营窀穸。

风鹤频惊，人心阢陧。大雨时行，忧心萦结。

瓣香呼吁，其敢自必。感而遂通，杲杲出日。

同体大慈，无作妙力。随感而应，非凡所测。

心能造业，亦能转业。心佛众生，三无差别。

仰藉佛慈，潜消浩劫。一念相应，太和翔洽。

招提重新，崇墉翼翼。伐石镌辞，昭示无极。

中华民国二十四年岁次乙亥六月穀旦　北平文楷斋　刘明堂刻石

三世佛殿

三世佛殿即很多寺庙中的大雄宝殿，面阔五间，进深三间，长 24.32 米，宽 13.5 米，单檐歇山绿琉璃瓦顶，黄琉璃瓦剪边，为寺中最大的佛殿。所以，一般文籍记载三世佛殿直称其为“殿”或“大殿”。

殿门额上悬乾隆御题“双林邃境”一匾，木托铜字。大殿抱柱悬挂乾隆御制楹联，上联作“翠竹黄花禅林空色相”，下联曰“宝幢珠珞梵语妙庄严”。现三世佛殿对联为爱新觉罗・溥杰于 1983 年 2 月题写。

三世佛殿内须弥座上供三世佛坐像。从东向西分别为药师佛、释迦牟尼佛、阿弥陀佛，为木制漆身，高 2.4 米。释迦牟尼佛前原有迦叶、阿难立像，亦木制漆金，高 2.3 米，诸像均毁于“文化大革命”中，现供佛像为 1983 年重塑。

三世佛殿东、西、北三面围坐十八罗汉泥塑彩绘坐像，像高 1.79 米，形态生动。

三世佛殿东侧从南数第一尊罗汉塑像与其他罗汉塑像不同，

三世佛殿

该罗汉披龙袍、留长髯，威风凛凛，造型颇似一位年长的君主。卧佛寺里何以出现这样的造像呢？据香山民间传说，这尊罗汉是根据乾隆皇帝的形象塑造的。乾隆认为自己贵为天子，佛学修养很深，为罗汉转世，因此命人把自己的塑像供奉在三世佛殿之中。不过，也有人认为，这尊佛像为雍正形象。卧佛寺曾为敕赐允祥家庙，为感谢皇帝，允祥家族在庙中供奉皇帝之像，似乎也讲得通。

三世佛殿后半部分是面向寿安山（即三世佛身后）的“倒坐观音”塑像。此尊观音为近年恢复的，面容慈祥，姿态自然，身上法衣图案用传统的“剥金”法精雕细刻。“剥金工艺”，其做法是先在底子上贴金，后在金箔上施绘颜料，再勾勒出纹样，剥去纹样或纹样外的部分颜料，露出下面的金色，这样就形成了成品金色在下、颜料在上，装饰效果独特美观。

阿弥陀佛、释迦牟尼佛、药师佛

三世佛殿原为唐代建寺时的卧佛殿，殿内供奉一尊按照玄奘法师从天竺带回样式制作的檀香木卧佛。至清雍正末年，怡亲王允祥家族大修卧佛寺时，将檀香木卧佛移往别处。至此，自元至治元年（1321）铜卧佛铸造，至清雍正十二年（1734），长达400多年的时间里，两尊卧佛共处一寺的胜景消失了。但是我们仍然可以从前人留下的诗歌中看到当时二佛共卧的胜景。

东西配殿

三世佛殿有东、西配殿各三间：东配殿为伽蓝殿，原供波斯匿王、祇陀太子、给孤独长者三像。

据1958年北京市文物局的调查材料记载，解放初，此殿内给孤独长者像已无，仅存波斯匿王与祇陀太子泥塑彩绘站像，像高 1.89 米。两侧还有关平、周仓像各一，二郎神像一尊，像高 1.62 米，均为泥塑彩绘。

西配殿为祖师殿。殿内正中原供禅宗初祖达摩禅师坐像，旁边供有地藏菩萨坐像。二像均为泥塑彩绘，像高 1.07 米。两侧原有泥塑彩绘关羽坐像一尊，高 1 米；韦驮像一尊，高 1 米；千手观音像一尊，高 0.8 米；小型石制三世佛像一尊，高 0.42 米。靠南墙有达摩祖师坐像一尊，木制漆金，高 1.2 米；两侧有侍者 4 个，高 1.66 米。对面另有木制漆金观世音像一尊，高 1.1 米。

东、西配殿的神像均毁于“文化大革命”中，现供佛像为 2009 年重塑。

游　廊

梁思成先生在《卧佛寺的平面》一文中说：“由山门之左右，有游廊向东西，再折而向北，其间虽有方丈客室和正殿的东西配殿，但是一气连接，直到最后面又折而东西，回到后殿左右。这一周的廊，东西（连山门或后殿算上）十九间，南北（连方丈配殿算上）四十间，成一个大长方形。中间虽立着天王殿和正殿，却不像普通的庙殿，将全寺用‘四合头’式前后分成几进。”梁思成先生看到后，赞叹说“这是少有的”。正是这由游廊相衔接的“四合头”，使寺院保持了唐宋以来“伽蓝七堂”的格局。

这种平面布置，在唐宋时代很是平常，敦煌画壁里的伽蓝都是如此布置，在日本各地也有飞鸟、平安时代这种的遗例。在北平一带，却只剩这一处唐式平面了。

1958 年，北京市文物普查时，这里还有游廊，20 世纪 60 年代以后，这些游廊被拆除。

清代石碑

三世佛殿院内甬路东西两侧各有一通石碑。东侧为雍正皇帝瞻礼石碑，西侧为乾隆皇帝瞻礼诗碑。

雍正十二年（1734），怡亲王府修缮卧佛寺工程基本完毕。雍正皇帝为之作《御制十方普觉寺碑》，立于三世佛殿前甬道东侧。碑刻正面碑文云：

西山寿安有唐时古刹，以窣堵波为门，泉石清幽，层岩夹峙，乃入山第一胜境。寺在唐名兜率，后曰昭孝、曰洪庆、曰永安，实一寺也。中有旃檀香佛像二：其一相传唐贞观中造；其一则后人范铜为之；皆作偃卧相，横安宝床，俗称卧佛，见于纪载诗歌者屡矣。岁久颓圮，朕弟和硕怡贤亲王以无相悉檀，庀工修建；嗣王弘晈弘晓继之，舍赀葺治。于是琳宫梵宇，丹雘焕然，遂为西山兰若之冠。工既竣，命无阂永觉禅师超盛往主法席。夫象教之设，所以显示真宗佛身充满于法界，普现一切群生前，

雍正瞻礼碑

随缘赴感，靡不周，而恒处此菩提座。是以造像多为五色莲台，结跏趺坐。而兹独示卧相者，其义何居？《善见毗婆沙律》释佛游王舍卫城，谓游有四：一者行，二者住，三者坐，四者卧，以是四法名之曰游。然则竖穷三际，横亘十方，惟一真心，泯绝对待，应缘现迹，任物成名，凡此四威仪，边在在三摩钵地，如玉镜之交照，似宝珠之五色。非同非异，非即非离，居斯常寂光中，便是毗卢顶上。今者，石泉流于舍下，木叶飘于岩间，非王舍卫城行法游乎？塔铃少选而声销，幡角无风而动息，非王舍卫城住法游乎？行者、住者如是，坐者、卧者同然矣。夫虚空无相，不拒诸相发挥；法性无身，匪碍诸身显见。果能不起有情无情之忘想，不生心内心外之邪思，将一法才通，万象悉归心地；千途并会，光明遍满恒沙。此七宝床上古佛，现前丈六金身，盖覆大地，占断三际，不往不来，岂非一佛卧游，十方普觉欤？因名之曰“十方普觉寺”，而勒是语于碑；并记朕弟和硕怡贤亲王修寺缘起，以示来者。

大清雍正十二年十一月初一日，内阁学士兼礼部侍郎加一级臣励宗万奉敕敬书

由碑文的题名和落款可知，碑文虽然由雍正皇帝御制，但碑刻上书写的文字则由擅长小楷的励宗万书写。

在碑文中，雍正皇帝解释了他为卧佛寺定名为“十方普觉寺”的原因，认为卧佛寺内卧佛是佛游王舍卫城的写照，实乃“一佛独卧”“十方普觉”，故名。

为了表示对弟弟修缮的这座寺庙的重视，雍正皇帝还将自己亲信的超盛禅师派到卧佛寺，主持寺庙一应事务。雍正皇帝为超盛题写了“花气合炉香馥郁，天光共湖影空明”的对联，悬挂于卧佛寺方丈室。

雍正《御制十方普觉寺碑》背面为清乾隆皇帝瞻礼诗，碑文云：

癸卯曾经此落成，重临净域畅闲情。

十方普觉瞻奎匾（是寺本唐兜率寺，俗称“卧佛寺”，以寺有卧佛像也。雍正十二年，皇考赐额为“十方普觉寺”，又御制碑文云，一佛卧游，十方普觉，奎额盖取义于此），一榻卧游示化城。

横遍竖穷宁有象，泉声树色契无生。

却缘结习祈年切，望雨方当意正怦。

乙巳孟夏中浣瞻礼，御笔

乾隆癸卯为乾隆四十八年（1783），“癸卯曾经此落成”是指此年卧佛寺大修之事。“乙巳”是乾隆五十年（1785），是卧佛寺重修工程完工之后二年。

碑西侧碑文：

旧名虽屡易，普觉传定称（寺为唐时古刹，原名兜率，后名昭孝，又名洪庆，明曰永安。至雍正十二年重修，乃赐今名。旧传，中有卧佛像二，今只存其一，故俗又称“卧佛寺”。恭读御制碑文，云卧佛游有四，一者行，二者住，三者坐，四者卧，以是四法名之曰“游”。然则竖穷三际，横亘十方，惟一真心，泯绝对待；又云一佛卧游、十方普觉，此赐名之义也）。其义见御碑，衍绎识圣情。行住与坐卧，四者人之恒。卧似无所觉，惟佛觉无停。何以知其然，试看卧者仍。按指海印光，动念尘劳增（我若按指，海印先光汝绕，动念尘劳顿起，见《楞严经》）。是为普觉义，静示最上层。而犹五字宣，全提诚未登。

普觉寺瞻礼

乾隆癸丑孟夏月之中浣，御笔

三世佛殿甬道西侧乾隆瞻礼诗碑

其碑正面碑文如下：

梵宇曾修雍正年，十方普觉圣题宣。

春秋又复五旬阅，修葺应教六度全（六度出梵典，即六波罗蜜多，首以檀波罗蜜多。檀者，施舍也）。

是日落成为庆谒，一时欲忘孰因缘。

穹碑已揭卧之义（是寺又名卧佛寺），拱读如闻膝下禅（皇考精于禅礼，谓之十方普觉者，盖取横亘十方之意）。

借无废者有何修，修废有无谁话头。

徒记像双语已舛（据《日下旧闻考》称，寺在西山为唐时曰永安，实一寺也。中有佛像二。一相传唐贞观中造，一后人范铜为之。于前后各作偃卧像，故又称为卧佛也。然今只一卧佛，其一亦不知何时移向何处），果看佛一卧而游（恭读雍正十二年御制碑文，佛游有四，一者行，二者住，三者坐，四者卧，以是四法名之曰游。然则竖穷三际，横亘十方，为一真心，泯绝对待。又云一佛卧游，十方普觉，因赐名"十方普觉寺"）。

树笼宝殿千年阅（殿前杪椤树阅今将千年，盖唐贞观中所植也），水绕禅房各处流。

不必摛文纪日月，两章七字当（去声）碑留。

重修十方普觉寺落成瞻礼二首

乾隆四十有八年岁在癸卯孟夏月朔日，御笔

该诗为乾隆四十八年（1783）卧佛寺大修工程后，乾隆游卧佛寺时所作。

背面碑文云：

偶因月望礼金仙，咫尺精蓝五里便。

请雨况当临未雨，述年何用举唐年（是寺唐时名兜率，后名昭孝，又名洪庆，明时曰永安，见《帝京景物略》。至雍正十二年，始赐名"十方普觉寺"）。

恤民本合殷勤苦，让佛于焉自在眠（是地又名卧佛寺，殿中供卧佛。旧云二，今只一，亦无从考矣）。

一二二而一莫辨，不如无语且随缘。

瞻礼一律

乾隆丁未孟夏月中浣，御笔

乾隆丁未，为乾隆五十二年（1787）。

碑西面碑文写道：

旋跸前遭斯未来，斯因补咏重徘徊。

装新葺旧数朝阅，横遍竖穷一寺该。

七叶娑罗明示偈，两行松柏永为陪。

苾蒭望日伊蒲献。识见谓当如是哉。

乙卯月望日，卧佛寺瞻礼得句，御笔

东面的碑文，因风化已辨认不清，落款年月为“乾隆己酉孟夏月中浣瞻礼成什，御笔”。

乾隆己酉，为乾隆五十四年（1789）。乾隆诗末皆有乾隆常用的乾卦符号印、“古稀天子之宝”印。

从石碑上乾隆诗的落款可知，乾隆四十八年（1783）、乾隆五十年（1785）、乾隆五十二年（1787）、乾隆五十四年（1789）、乾隆五十八年（1793），乾隆皇帝至少五至卧佛寺，几乎每两年一游卧佛寺。乾隆皇帝对卧佛寺的喜爱，由此可见一斑。

雍正御制十方普觉寺碑文尚云：“中有旃檀香佛像二：其一相传唐贞观中造；其一则后人范铜为之。”而乾隆诗注则云：“然今只一卧佛，其一亦不知何时移向何处”“旧云二，今只一，亦无从考矣。”可知，雍正十二年（1734），雍正皇帝尚知卧佛寺有唐初檀香木卧佛，而至乾隆时期，乾隆皇帝不仅已看不到檀香木卧佛，而且已经不知该佛像的踪迹了。这就说明卧佛寺檀香木卧佛被移往他处，很可能发生在雍正末怡亲王府修缮卧佛寺时。

铜 钟

三世佛殿东侧钟架上悬挂着第二代怡亲王弘晓铸造的铜钟，钟上的铭文告诉我们，该钟铸造于乾隆元年（1736），似为雍正十二年（1734）大修完成后所铸。乾隆元年（1736）的怡亲王为允祥之子弘晓，弘晓曾随驾来卧佛寺，并留有诗作《随驾幸卧佛寺恭纪》。

乾隆元年怡亲王诚造铜钟

穿过三世佛殿，即为自元英宗所铸铜卧佛供奉之殿——卧佛殿。

卧佛殿院落甬路东、西两侧各立有一块无字碑。何时、从何处移来无考。从驮碑的赑屃看，似是明代所做。

卧佛殿

卧佛殿位于三世佛殿之后，为寺内主轴线上第四重殿宇。卧佛殿面阔三间，单檐歇山，绿琉璃瓦顶，黄琉璃瓦剪边。殿里供奉着十方普觉寺的主尊铜卧佛。

卧佛殿建筑面积 196 平方米，略小于三世佛殿。

卧佛寺大殿门额上悬挂慈禧皇太后所书“性月恒明”匾，门两侧抱柱楹联一副，上联为“发菩提心印诸法如意”，下联为“现寿者相度一切众生”，为溥杰先生题写。

卧佛殿内宝床上供奉着元英宗时铸造的铜卧佛，佛像长 5.3 米，高 1.6 米，重约 50 万斤。《元史》记载，冶铜五十万斤，役

卧佛殿

卒万余人，历时十年（指先后修缮时间），耗银五百万两。

佛像头西面南，倒身侧卧状。双腿平伸，右手曲肱托首，左手自然平舒放在腿上。佛像面部安详，体态自如，浑朴精致，表现了佛教艺术净化、肃穆的风格和元代高超的冶炼铸造技术。

经研究发现，卧佛寺铜卧佛为一次铸造成型的，铸造基本步骤如下：堆砌土台，在台上制坯、翻模、浇铸、整修，基本工作完成后，在佛身上装饰髹彩，最后以汉白玉雕件组装成现在可见的莲花台座。整个过程环环相扣，不能出现丝毫差错，难度可想而知。

铜质造像在我国卧佛雕塑作品中本就少见，加之元代卧佛传世较少，这尊铜卧佛重量之大，工艺难度之高，耗资费工之巨，制作之精美，举世罕见，具有极高的历史、科学价值和艺术，是不可多得的杰作。该卧佛造像是中国，也是世界上现存最大的铜

铜卧佛

制卧佛。

卧佛寺卧佛姿态代表怎样的意思呢？三世佛殿前的雍正皇帝御制十方普觉寺碑文就指出：“而兹独示卧相者，其义何居？《善见毗婆沙律》释佛游王舍卫城，谓游有四：一者行，二者住，三者坐，四者卧，以是四法名之曰游……此七宝床上古佛，现前丈六金身……岂非一佛卧游，十方普觉欤？”

游卧佛寺，观娑罗树与卧佛是士人的传统，不少帝王皆来过卧佛寺瞻仰卧佛，文人雅士游卧佛寺，题诗咏诵卧佛者众多。明代兵部尚书王在晋《游卧佛寺》诗云：

佛说卧非卧，是名卧佛因。

坐无功朽骨，像亦表天真。

欲豁前尘目，全舒自在身。

法轮垂手转，花甲枕肱新。

匪梦何言觉，忘情岂有颦。

乾坤呼吸老，世事展翻频。

万态双眸外，千秋一息臻。

浑沦窥妙悟，混沌足元神。

嗟尔浮沉辈，蘧然未寤人。

明代著名诗人杨慎也曾到卧佛寺游览，并作《卧佛》诗咏叹卧佛寺铜卧佛，诗云：

金仙疲津梁，云卧姿天行。

菩萨叹退位，未尽区中情。

二谛凭谁解，松风与水声。

卧佛像后，环立着释迦牟尼的十二名圆觉，亦称“十二大士”，他们分别是：文殊、普贤、普眼、金刚藏、弥勒、清净慧、威德自在、辨音、净诸业障、普觉、圆觉、贤善首。十二大士像高 2.05 米，底座 0.3 米。

十二弟子表情严肃，神态安详，手持莲花，俯首而立。如果您仔细观看的话，就能发现十二个弟子的服饰、体态略有不同。原来，这些弟子不是同一时期塑造的。最早的圆觉像应为元代塑造，距今已有 600 多年的历史。现有西面的三尊和后面的两尊便是元代的原作。而北面的五尊弟子像，在 1954 年殿后墙坍塌时被砸坏，是于 1955 年重新修复的。“文化大革命”中，东侧两尊菩萨像被毁。现东侧两尊菩萨像为 1973 年北京雕塑厂改泥塑像为木雕像新塑。新雕的两尊菩萨比原有的微胖，但神情无二。

卧佛前台案上供奉有铜制的佛教“八宝”。亦名八吉祥，八瑞像，分别是宝瓶、宝盖、双鱼、莲花、右旋螺、吉祥结、尊胜幢、法轮。

卧佛殿内悬挂“得大自在”匾，为乾隆皇帝御题。匾本悬挂在大殿外面。光绪年间，慈禧太后、光绪皇帝曾到卧佛寺进香，慈禧为卧佛殿题“性月恒明”的匾额。此后，卧佛殿外悬慈禧题字，而乾隆题字则被挪到大殿内悬挂了。

卧佛殿内东侧木桌上摆放着许多巨大的鞋子。这些鞋子都是由历代皇帝和善男信女们供奉的。据说，原来卧佛殿东西两侧都有供桌，上面供奉巨大的鞋子。东面的鞋子是清代帝后供奉的，西面的鞋子则是民国时期的各大总统供奉的。

藏经楼

藏经楼位于卧佛殿后，是寺院的最后一座建筑。面阔五间，有前廊，卷棚硬山箍头脊，灰筒瓦顶，东、西两侧各有三间北配房。

明清两代，卧佛寺不但以卧佛出名，还以藏经著称。明英宗、明神宗分别给卧佛寺赠《大藏经》。《宛署杂记》载，“万历年两幸其地，赐藏经”。清雍正皇帝还将自己亲笔辑录的佛经语录赐

藏经楼

予该寺。

汉文《大藏经》兼收大、小乘佛教典籍，流传至今，存有经典20余种。北宋开宝（968—975）年间,第一部木版雕印的《大藏经》问世后,历元、明、清至民国800年间,中国汉文《大藏经》木刻和排印本有20种。

由于元、明、清三代皇帝对卧佛寺的眷顾，屡赐经书，加上寺僧不断的收藏，卧佛寺中佛经甚多。

由于经书众多，为了防止潮湿、虫蛀损坏经书，寺僧每年都要把经书拿出来晾晒。每年的农历六月二十四日为卧佛寺“晾经日”。这一天，卧佛寺的僧人都忙碌起来，把经书从书柜里拿到院子里晾晒。需要晒晾的经书很多，周边寺院的僧人都要过来帮忙。晒晾前，还要举行隆重的诵经仪式。

1936年，段祺瑞死后，因战乱难择墓地，其灵柩曾在藏经楼下层停放，1949年后由其家人移走。

东路院

原为寺僧起居处所，从前向后依次是大斋堂、大禅堂、霁月轩和清凉馆，均为四合院形式院落，最后有供奉寺内开山祖师的祖堂院。

大斋堂：是僧侣用斋的地方，原北房五间，面阔17.5米，进深13.07米，今已无存。

大禅堂：五间，为寺僧修禅之地。面阔22.22米，进深14.9米。《日下旧闻考》载，禅堂门两侧曾经悬挂有乾隆皇帝御书对联："苔益山文古，池添竹气清。"

霁月轩：霁是指雨雪后天气转晴。霁月指清辉皎洁的月光，古人常用以比喻人品高洁、胸襟开阔。

清凉馆：清凉馆是卧佛寺方丈所居，也即常说的方丈院。《日下旧闻考》载：方丈额曰"是地清凉"，联曰"雨花点地成金粟，水月莹秋贮玉瓶"，檐前联曰"云开春阁图书静，雨霁秋窗竹桂闲"，皆皇帝御书。

雍正皇帝曾为当时卧佛寺住持超盛禅师的方丈室写过对联："花气合炉香馥郁，天光共湖影空明。"

祖堂院：方丈院后是祖堂院。祖堂院是供奉中土禅宗初祖达摩法师的地方。祖堂院中有二层楼一幢，面阔五间，有东、西配房各三间。《京城古迹考》载，卧佛寺"禅堂后大楼上、下十间，俱贮铜佛"。可知雍正、乾隆时期，该处藏有一定数量的铜佛。

行宫院

行宫院为卧佛寺的西路院。为帝王外出休憩之所。卧佛寺行宫兼顾处理政务和园林游乐两种功能。关于它的始建年代，民间有“雍正行宫”的说法。从雍正八年（1730）开始的卧佛寺大修，一直持续到雍正十二年（1734）。这次大修后，雍正为卧佛寺赐名“十方普觉寺”，依此说法，行宫院应为此次修缮新建。乾隆时又加以完善。但从乾隆在行宫院所作诗文分析，应为乾隆四十八年（1783）所建。或有雍正时规模较小，乾隆扩建之可能。

行宫三进院落，自南向北依次是：宫门前院，东西各有三间朝房，宫门、假山、水池和小平桥、引水石渠、西侧三排御膳房；一进院：垂花门、东西游廊，北侧为穿堂殿。二进院：假山、北屋五间为“含青斋”。三进院：方池、“古意轩”。古意轩西侧为含碧亭、大磐石、观音阁、万松亭。

卧佛寺琉璃牌楼西侧，即为宫门前院，有一供车马銮舆停放的小广场。广场东西两侧，各有三间朝房。北侧即为三间宫门。

行宫门

样式雷图中的行宫局部

进入宫门迎面一组叠石，石为深青色，错落逸出，如同行云暂住。中有山洞可穿行。此组山石在样式雷图样中被称为“云片山石”，为乾隆时期风格。

穿过山洞一方池水，有引水石槽注水池中。池上有汉白玉平桥，通往行宫一进院落。

院西侧墙外是三排御膳房，有月亮门与此院相通。

行宫一进院门为垂花门。进入院中，两侧游廊相连，北房为穿堂殿，亦为五间。

样式雷图中的行宫院落

穿堂殿过后，为行宫二进院。四周游廊相接，北房五间，名含青斋。该房面阔 19.6 米，进深 9.8 米，硬山箍头，卷棚灰筒瓦顶，前面带廊，两侧各有耳房一间。

20世纪80年代的行宫院

含青斋为帝后休息之所。院中西南侧有一组体量较小却玲珑可爱的叠石。乾隆皇帝在这座建筑里留有诗作，他把含青斋写作“含清斋”。诗云：

寺侧有书斋，廓如亦自佳。
山客标画尺，泉韵与琴谐。
适尔归澄照，悠然引静怀。
于斯得五字，初不费安排。

从诗的内容看，这里兼作乾隆皇帝的书斋。乾隆皇帝自诩为“书生”，文化修养极高，他的行宫均设有书房。这座书房与园林景观契合，具有乾隆时代特有的园林书房特点。在含青斋，可以清晰地听到大磐石下小窦泉出，汩汩涌动的声音，这声音与琴声相和，令人心境澄澈。如此美景，皇帝自然而然地吟诵出五言诗句。

含青斋院内几株古松苍郁遒劲，蔽日遮天。山风掠过，与其后山林树木合拍唱和，使得这座院落别具意蕴。乾隆皇帝又有诗赞颂此院曰：

山深自至清，梵宇清尤极。

其傍筑精舍，适可小憩息。

翠峰峙檐后，古松郁庭侧。

籁以静为声，景以空为色。

街曰斯舍清，而含岂可得。

含青斋北侧，就是行宫三进院。院中一方水池，汉白玉栏杆相护，四周有廊与北面古意轩相接。

方池中水质清澈,游鱼历历。“样式雷”图档称其为“莲花池”，当年池中莲花盛开，自是清幽古寺中的另一番景象。

早年池中四面有龙首吐水入池。卧佛寺行宫莲花池、三孔石桥下水池及卧佛寺放生池水流以暗槽连通，水自樱桃沟水源而来，充沛的水源，滋润了这一路景观。

乾隆十四年（另说二十一年），乾隆皇帝命令工匠设计石制河槽将樱桃沟泉水，经隆教寺、卧佛寺、正白旗、四王府引至玉泉山，因地势高低变化，至低处，则砌墙将石槽置于墙上，故香山百姓称饮水石槽为“河墙”。

石制的水槽从隆教寺前东折，至卧佛寺行宫西大墙。南折，在卧佛寺行宫与御膳房之间穿过，再东折于卧佛寺行宫朝房、卧佛寺琉璃牌楼前穿过。

而行宫玉莲池水即从石槽引注，并经行宫前院三孔石桥下水池，至卧佛寺放生池，从放生池口出，与经过琉璃牌楼石槽的水流合流。

玉莲池东、西原来都有红柱游廊，将古意轩与含青斋联系在一起，现在池东的游廊已经没有了。

含青斋、古意轩额枋内外和柁架上绘苏式彩画，各种花鸟人物美妙动人。古意轩以水景取胜，是皇帝纳凉观舞的地方。敞厅北侧为山崖，特意不设围墙，令人有意犹未尽之感。乾隆《古意轩》诗云：

此寺富于水，方池隔斋轩。
四围廊可通，镜光含照间。
含清既有咏，古意得无言。
适意已引之，推行在远孙。

“方池隔斋轩”指明了方池的位置：位于古意轩与含青斋之间。下句“四围廊可通”是说含青斋东、西两侧皆有游廊，连通含青斋与古意轩。

远孙即远裔。乾隆在诗末句“适意已引之，推行在远孙”句下自注云：“丁未题此轩，与云‘如是百千秋，吾意与之与’。盖引而未发，兹二什特显揭之。”是指他在咏古意轩诗中关于法古与拟古的理政观点。

古意轩为面阔五间的敞厅，长 22.2 米，进深 9.3 米，硬山箍头脊，卷棚灰筒瓦顶。轩北侧直接以山崖为挡，有崖居之禅意。

关于它的修建年代，乾隆有一首咏古意轩的诗可以看出：

寺古轩亦古，修葺那可少。
（寺为古刹，自癸卯年始修葺之）
因葺古寺便，新轩其侧造。
轩之古籍寺，寺之古水肇。

太古山容佳，唐宋其后貌。

而志寺之人，每自唐宋考。

（寺建于唐，名兜率，其后曰昭孝，曰洪庆，曰永安。自宋及明盖一寺而屡易其名也）

我意则不然，目前古了了。

乾隆诗中“寺为古刹，自癸卯年始修葺之”是指四十八年（1783），卧佛寺有一次大修，而“因葺古寺便，新轩其侧造”明确地指明了，是这次卧佛寺大修，新建了“古意轩”，而轩用“古意”是借寺古；寺古是因为这里的水。早在太古之时，这里的山色就很好，而唐宋时已经是它后来的面貌了。每每考证这个寺的人，都是从唐宋开始的，我不这样认为，这样，这个“古”意就十分明了了。

乾隆在五十二年（1787）的咏古意轩诗中，进一步把“古意”作了解释，并抒发了自己的抱负：

意自蕴于心，而轩额已古。

然岂易言哉，古宁容易睹。

法古已致艰，泥古或邻卤。

祇兹对古山，无毁亦无誉。

如是百千秋，吾意与之与。

此诗作于乾隆五十二年（1787），轩建成仅仅四年。因而这里说的“轩额已古”并非老旧之意，而是说这古意识从内心而来，即“意自蕴于心”。乾隆这首诗，看似解释“古意轩”题名的来意，其实也在抒发自己的政治理念。

含碧亭，在古意轩西侧，有游廊连接。含碧亭在样式雷图册中称“合碧亭”。含碧亭俯仰均有景可观：后为山崖，东是古意轩、方河；西面是万松亭，俯视即为小泉如窦的天池，仰视则是观音阁。因此，乾隆帝《含碧亭口》说：

林碧四围水碧下，荟于一俯仰之中。

奚妨即景参合相，相匪空空相自空。

另有含碧亭诗：

两峰今日闭严扉，背后嵌岑画障围。

恰俯一池清澈镜，倒涵影像示禅机。

两首诗都可看出含碧亭四围景致以及乾隆对此地的喜爱。

含碧亭今已无存，台基、柱础尚存。

天池，古称“玉莲池”，在含碧亭西侧，大磐石下。池长 10 米，宽 8 米。明朝人蒋一葵《长安客话》中载：“（卧佛寺）门西有石盘，方广数丈，高亦称是，无纤毫刓缺。上创观音堂，前余石丈许，周以栏楯。石盘下有小窦出泉，淙淙铮铮，下击石底，听之泠然。”

大磐石即天池紧靠的、高起的二丈有余的山体，山体上为一平台，平台上建有两层的观音阁。

《长安客话》称其“方广数丈，高亦称是，无纤毫刓缺”“斧刃侧削，高十仞，广百堵”。

大磐石上建观音阁，南侧石壁上（面临天池岩壁）刻有乾隆御制诗两首，字迹多已漫漶不清，至不可识。查清高宗御制诗集，知石刻内容为：

大磐石乾隆诗石刻

石壁

石壁插入天池，观音阁上临之。

大慈大悲无二，日水日月成伊。

（三点成伊出梵典）

恰偶于斯默会，忘言乃复题辞。

修废举残余事，岩风一切与吹。

石壁临天池

石壁临天池，一泓清且泚。

坦然玉镜呈，嵌岑影其里。

凭揽生静悟，谁彼更谁此。

匪禅院言禅，万物共斯理。

磐石西侧刻有清末刘宗汉和任之重所题诗歌一首，诗文为：

恰游寿安山已前，观音堂下有荷莲。

无边景致非凡兴，勾引蓬莱入洞仙。

观音阁，位于大磐石上，亦称凌云阁。面阔三间，高两层，方形。绣柱灰顶、四角攒尖，边长 3.8 米。东西两侧有石阶供上下。观音阁处地在卧佛寺较高处，因而抬头可赏月，俯视可观天池鱼跃，是一处赏景佳地。

龙王堂，在大磐石西侧，是一座北屋三间，东西各带一间耳房的小院。坐北朝南，门开东侧。

此处院落不见于古籍记载，但根据其地理位置正处于樱桃沟沟口，而紧邻的大磐石后即为峡谷，恰是泄洪途径，人们在这里建龙王堂，是为镇水。

万松亭，在龙王堂南侧、天池西侧。此亭在样式雷图中称“承云阁”，亭四角重檐，悬山卷棚顶。四边形，边长 7.4 米。亭为绿色，与周边松柏相融。坐于亭中，可听四周松柏在风中与寿安山上万松和鸣，方可会意此亭取名之真谛。

万松亭西侧有一组与行宫院内风格一致的叠石，石中有可通一人小路，辗转可到原本几米之距的天池。叠石增加了园林情趣。

青崖和尚墓

万松亭南侧是乾隆初年卧佛寺住持青崖大和尚墓塔。塔前有汉白玉供桌。左前有石碑一通，碑文为保和殿大学士兼吏部尚书张廷玉所撰《大清京都普觉青崖元日禅师塔铭并序》。文中可知，青崖和尚于乾隆十一年（1746）圆寂，葬于“寿安山本寺之西园”。

乾隆在青崖圆寂后，到过卧佛寺，作了《过青崖和尚塔》一诗：

云水轩轩应远尘，蔼然光霁却堪亲。
曾闻说偈标全月，不道题名是后身。
能咏琴聪才望七，隔生如展恰逾旬。
怜师那得伤心泪，面面青山自故人。

青崖和尚塔毁于“文化大革命”，石碑倒地。1983 年被移往曹雪芹纪念馆后小碑林。

寿山亭

寿山亭

寿山亭亦名“半山亭”，在藏经楼后山上，海拔 160 米，建于 1980 年，为卧佛寺中轴线最高点。寿山亭方形，单檐歇山琉璃瓦顶，黄琉璃瓦剪边。

站在亭中，可俯视卧佛寺全貌。天气好时，可由北向南，极目西山由山势向平原过渡的景象变化，最远可见市区高大标志性建筑。重阳节时，更是登高远眺之佳地。

古寺植物

卧佛寺的植物景观有着古老、北方稀有和寺庙特色的特点。

植物的年龄较之人类长久，这使它们客观上成为卧佛寺千年变迁的见证者。它们默默矗立在那里，既经受过千年前的风霜雪雨，也感受到今世的冷暖甘苦。它们就像睿智的老神仙，陪伴着古寺的兴衰，冷眼阅过千年流变。而千百年来人们把对卧佛的敬仰和对世事沧桑的感慨，乃至对卧佛寺周边自然景观的赞颂，都赋予在对寺中古老植物的歌咏中，让今人多了一个解读卧佛寺历史演变的侧面。

卧佛寺内植物景观主要有古柏、海松、娑罗树、二度梅、银杏和牡丹。

以古柏造景而成“古柏夹道”，树在，景亦在；天王殿前的海松依然苍劲，有着旺盛的生命力；蜡梅虽是“梅开二度”，但它顽强的生命力，让人们在欣赏它时，更多了一层人文的力量；

娑罗老树寿逾千年后已殒，之后补植的新树，经几十年风雨，已经成景，人们借此怀古，平添几分怅惘；古银杏虽经年久远，却似值壮年，秋风中绽放一树金黄，为古寺平添一番风采。惜古人诗中赞颂的寺中牡丹已无踪影。寺内古老牡丹的植株，在20世纪80年代部分移植到了牡丹园内，并在那里长势良好。后人亦未恢复此景，只能借诗想象其美丽了。

古柏夹道

此景多见于古籍。古人云："大松两行拥之，香翠扑人衣裾。"被称作"老柏"的柏树，至今又300余年过去了。穿过"智光重朗"牌楼，借着坡道地势，这些千年古柏依然舒展着身姿，忠诚守卫着古寺。今人在游览卧佛寺时，走在"古柏夹道"上，自下而上，步步升高的崇敬感油然而生，与其说去拜佛，更不如说是穿越千年的历史，从一座古寺，去看北京千年的历史进程。

钟鼓楼院蜡梅

此院内有古柏20株，其中一级古柏14株、二级古柏6株，泡桐 2 株、七叶树 1 株、洋槐 2 株。

近几年钟鼓楼院内新植几十株蜡梅已经成景。这些蜡梅或植于放生池四周，或栽于院内路边、墙角，花未开时，朴素的植株绿叶，并不引人注目，但每至元旦前后，蜡梅盛开，朵朵蜡质的小黄花散发出沁人心脾的香气。

蜡梅因为与梅花都开在严寒中，香味相近，而色似蜜蜡，且腊月开放，故有其名。因为花开春前，为百花之先，又称寒梅或冬梅。蜡梅先花后叶，花与叶不相见，花开之时枝干枯瘦，故又名“干枝梅”。

到卧佛寺赏蜡梅，成为京城颇负盛名一新景观。

卧佛寺蜡梅花开

海　松

海松在天王殿院内，甬路东、西各有一棵。胸围 3 米有余，高 20 余米。为唐代建寺时所植。

明末区怀瑞在《游业》中记载：天王殿前“左一海松，后殿卧佛一，又后小殿更置卧佛一，后遂称卧佛寺”。

励宗万在《京城古迹考》中有，寿安寺“更有苍松一，在殿之东”，这里的苍松，即为这棵“海松”。

古人松柏不分，此处“松”，实为柏树。古柏树干斑驳，树

海松

冠苍郁，虽寿千年，依然十分强壮。

此处有一疑案未解：甬路两侧的海松，从外貌观察，应为同时栽植，但仅东侧一棵见诸文献记载，其因待考。

二度梅

天王殿门前，甬路两侧，各有一丛蜡梅。东侧一株为唐代建寺所植，不知何年何故枯萎而死，经年后新芽再生而被称为“二度梅”。“二度梅”为人们口耳相传，并未见诸文献。

考卧佛寺始建为安忠魂，以寒梅清韵伴忠魂千古，实为植物配置上的奇思之作，为今天园林植物配置可借鉴之范本。

此株梅树，亦未见诸文人墨客的题咏，或因未赶上花期。蜡梅只有在花期时方有香气袭人，而平日枝叶朴素，并不出众夺目。是否此因，也未可知。

伟大的文学家曹雪芹在离卧佛寺不远的正白旗居住、创作，经常来往于家庭与西山名寺之间，距离其家咫尺之遥的卧佛寺自然也是他常到的地方。《红楼梦》第九十四回《宴海棠贾母赏花妖 失宝玉通灵知奇祸》中写道，怡红院里的海棠枯萎了一年，次年重新开花。或者以为，《红楼梦》中海棠死而复生的情节就取材于卧佛寺的二度梅。

娑罗树

天王殿院内的娑罗树是与卧佛同样著名的重要景观。因其年代久远和树种来源于西域闻名于世。

《春明梦余录》载："寺在唐为兜率寺，今名永安，殿前娑罗树来自西域，相传建寺时所植，今大三围矣。"清代初期谈迁在《北游录》中进一步指出："像（指檀香卧佛像）自唐与娑罗同植。"

更早的是明代人蒋一葵在《长安客话》中载："寺内有娑罗大树二株，可数围，其子如橡栗。寺僧云：不但与菩提幻子可作念物珠，碎之下酒可疗心痛，诸山皆无。"

《帝京景物略》记有"寺内即娑罗树，大三围，皮鳞鳞，枝槎槎，瘿累累，根抟抟，花九房峨峨，叶七开蓬蓬，实三棱陀陀，叩之丁丁然。周遭殿墀，数百年不见日月，西域种也。初入中国，峚山、天台与此而三。游者匝树则返矣，不知泉也"。

今院中所见"七叶树"即为娑罗树，又称波罗叉树、摩诃娑罗树、桫椤树，为七叶树科中七叶树属植物，产于印度及马来半岛等南亚热带雨林之中，属多年生乔木。树身高大，叶为长卵形而尖，表面光滑，花淡黄色，因佛教中有释迦牟尼临终时涅槃于娑罗双树下的传说，又因该树花序呈佛塔状，成为佛教徒崇拜的圣树之一。

清末民初人徐珂在《清稗类钞》中说：（桫椤树）“树最洁，古人谓为鸟不栖、虫不生，干围两人抱，约一丈一尺以上，上半已枯，心空如刳，然巨枝下垂，犹拳曲如虬龙，相传为唐贞观建寺时自西域移植而来者。”惜徐珂所载唐时栽植的娑罗树后因枯死被砍伐，天王殿前甬道东侧老娑罗树也于 1949 年 5 月 4 日被大风吹倒，现寺中 4 株七叶树为后来补植。

古银杏

卧佛寺古银杏

三世佛殿山墙东面一株银杏树主株干径 1.21 米，胸围 3.80 米，高 22.5 米。旁出有树娃 4 株，其中最粗的一树娃，胸径已达 0.6 米。三世佛殿山墙西面一株银杏树主株高近 20 米，干径 1.03 米，胸围 3.23 米。旁出有树娃三株，粗者胸径已达 0.5 米。两株银杏树的主株，均被列为一级古树。

以北京潭柘寺、大觉寺古银杏树做参考，这两株银杏应为建寺时所植。银杏又名“白果树”，其果实有药用效果，是中国特有的珍贵树种。银杏叶片呈扇形，秋天转为橙黄色，如同一面面黄色的蝴蝶舞动。飒飒秋风起时，叶片翻飞，落地铺金，天地一片金黄，与红墙黄瓦的建筑相映，别有一番景象。

牡　丹

卧佛寺的牡丹为宫中太监所植，是专门供皇帝欣赏的。《长安客话》载 :“卧佛寺多牡丹，盖中官所植，取以上供者。开时烂熳特甚，贵游把玩至不忍去。”

咏卧佛寺牡丹诗，目前只见于明代，清代即无人提起，可见牡丹盛景止于明代。

史料钩沉

卧佛寺的平面[①]

梁思成、林徽因

说起受帝国主义的压迫，再没有比卧佛寺委屈的了。卧佛寺的住持智宽和尚，前年偶同我们谈天，用“叹息痛恨于桓灵”的口气告诉我，他的先师老和尚，如何如何的与青年会订了合同，以每年一百元的租金，把寺的大部分租借了二十年，如同胶州湾，辽东半岛的条约一样。

其实这都怪那佛一觉睡几百年不醒，到了这危难的关头，还不起来给老和尚当头棒喝，使他早早觉悟，组织个佛教青年会西

①该文为梁思成、林徽因《平郊建筑杂录》第一部分，原载《中国营造学社汇刊》1932年第三卷第四期。

山消夏团。虽未必可使佛法感化了摩登青年，至少可藉以繁荣了寿安山……不错，那山叫寿安山……又何至等到今年五台山些少的补助，才能修葺开始残破的庙宇呢！

我们也不必怪老和尚，也不必怪青年会……其实还应该感谢青年会。要是没有青年会，今天有几个人会知道卧佛寺那样一个山窝子里的去处。在北方——尤其是北平——上学的人，大半都到过卧佛寺。一到夏天，各地学生们，男的、女的，谁不愿意来消消夏，爬山、游水、骑驴，多么优哉游哉。据说每年夏令会总成全了许多爱人儿们的心愿，想不到睡觉的释迦牟尼，还能在梦中代行月下老人的职务，也真是佛法无边了。

从玉泉山到香山的马路，快近北辛村的地方，有条岔路忽然转北上坡的，正是引导你到卧佛寺的大道。寺是向南，一带山屏障似的围住寺的北面，所以寺后有一部分渐高，一直上了山脚。在最前面，迎着来人的，是寺的第一道牌楼，那还在一条柏荫夹道的前头。当初这牌楼是什么模样，我们大概还能想象，前人做的事虽不一定都比我们强，却是关于这牌楼大概无论如何他们要比我们大方得多。现有的这座只说它不顺眼已算十分客气，不知哪一位和尚化来的酸缘，在破碎的基上，竖了四根小柱子，上面横钉了几块板，就叫它做牌楼。这算是经济萎衰的直接表现，还是宗教力渐弱的间接表现？一时我还不能答复。

顺着两行古柏的马道上去，骤然间到了上边，才看见另外的鲜明的一座琉璃牌楼在眼前。汉白玉的须弥座，三个汉白玉的圆门洞，黄绿琉璃的柱子，横额，斗栱，檐瓦。如果你相信一个建筑师的自言自语，“那是乾嘉间的作法”。至于《日下旧闻考》所记寺前为门的如来宝塔，却已不知去向了。

琉璃牌楼之内，有一道白石桥，由半月形的小池上过去。池的北面和桥的旁边，都有精致的石栏杆，现在只余北面一半，南面的已改成洋灰抹砖栏杆。这池据说是“放生池”，里面的鱼，都是“放”的。佛寺前的池，本是佛寺的一部分，用不着我们小题大做的讲。但是池上有桥，现在虽处处可见，但它的来由却不见得十分古远。在许多寺池上，没有桥的却较占多数。至于池的半月形，也是个较近的做法，古代的池大半都是方的。池的用途多是放生、养鱼。但是刘士能先生告诉我们说南京附近有一处律宗的寺，利用山中溪水为月牙池，和尚们每斋都跪在池边吃，风雪无阻，吃完在池中洗碗。幸而卧佛寺的和尚们并不如律宗的苦行，不然放生池不唯不能放生，怕还要变成脏水坑了。

与桥正相对的是山门。山门之外，左右两旁，是钟鼓楼，从前已很破烂，今年忽然大大的修整起来。连角梁下失去的铜铎，也用二十一号的白铅铁焊上，油上红绿颜色，如同东安市场的国货玩具一样的鲜明。

山门平时是不开的，走路的人都从山门旁边的门道出入。入门之后，迎面是一座天王殿，里面供的是四天王——就是四大金刚——东西梢间各两位对面侍立，明间面南的是光肚笑嘻嘻的阿弥陀佛，面北合十站着的是韦驮。

再进去是正殿，前面是月台，月台上（在秋收的时候）铺着金黄色的老玉米，像是专替旧殿着色。正殿五间，供三位喇嘛式的佛像。据说正殿本来也有卧佛一躯,雍正还看见过,是旃檀佛像,唐太宗贞观年间的东西。却是到了乾隆年间，这位佛大概睡醒了，不知何时上哪儿去了。只剩了后殿那一位，一直睡到如今，还没有醒。

从前面牌楼一直到后殿，都是建立在一条中线上的。这个在寺的平面上并不算稀奇，罕异的却是由山门之左右，有游廊向东西，再折而向北，其间虽有方丈客室和正殿的东西配殿，但是一气连接，直到最后面又折而东西，回到后殿左右。这一周的廊，东西（连山门或后殿算上）十九间，南北（连方丈配殿算上）四十间，成一个大长方形。中间虽立着天王殿和正殿，却不像普通的庙殿，将全寺用“四合头”式前后分成几进，这是少有的。在这点上，本刊上期刘士能先生在智化寺调查记中说：“唐宋以来有伽蓝七堂之称。惟各宗略有异同,而同在一宗,复因地域环境,互相增省……”现在卧佛寺中院，除去最后的后殿外，前面各堂为数适七，虽不敢说这是七堂之例，但可藉此略窥制度耳。

这种平面布置，在唐宋时代很是平常，敦煌画壁里的伽蓝都是如此布置，在日本各地也有飞鸟、平安时代这种的遗例。在北平一带（别处如何未得详究），却只剩这一处唐式平面了。所以人人熟识的卧佛寺，经过许多人用帆布床“卧”过的卧佛寺游廊，是还有一点新的理由，值得游人将来重加注意的。

卧佛寺各部殿宇的立面（外观）和断面（内部结构）却都是清式中极规矩的结构，用不着细讲。至于殿前伟丽的娑罗宝树，和树下消夏的青年们所给予你的是什么复杂的感觉，那是各人的人生观问题，建筑师可以不必参加意见。事实极明显的，如东院几进宜于消夏乘凉，西院的观音堂总有人租住；堂前的方池——旧籍中无数记录的方池——现在已成了游泳池，更不必赘述或加任何的注解。

“凝神映性”的池水，用来作锻炼身体之用，在青年会道德观之下，自成道理——没有康健的身体，焉能有康健的精神？——或许！或许！但怕池中的微生物杂菌不甚懂事。

池的四周原有精美的白石栏杆，已拆下叠成台阶，做游人下池的路。不知趣的，容易伤感的建筑师，看了又一阵心酸。其实这不算稀奇，中世纪的教皇们不是把古罗马时代的庙宇当石矿用，采取那石头去修“上帝的房子”吗？这台阶——栏杆——或也不过是将原来离经叛道“崇拜偶像者”的迷信废物，拿去为上帝人道尽义务。“保存古物”，在许多人听去当是一句迂腐的废话。“这年头！这年头！”每个时代都有些人在没奈何时，喊着这句话出出气。

古代文献关于卧佛寺的记载

《帝京景物略》中卧佛寺文献

《帝京景物略》，刘侗、于奕正撰，明末北京历史地理书。

刘侗，字同人，麻城人。崇祯甲戌进士，官吴县知县。

于奕正，字司直，宛平人，崇祯中诸生。喜好山水金石，著有《天下金石志》。

《帝京景物略》按城北内外、城东内外、城南内外、西城内、西城外、西山上、西山下、畿辅名迹等八卷，每篇之末，各附以诗歌。

《帝京景物略》卷六《西山上·卧佛寺》

香山之山，碧云之泉，灌灌于游人。北五里，曰游卧佛寺，看娑罗树也。

山转凹，寺当山之矩，泉声不传，石影不逮。行老柏中数百步，有门瓮然，白石塔其上，寺门也。

寺内即娑罗树，大三围，皮鳞鳞，枝槎槎，瘿累累，根抟抟，花九房峨峨，叶七开蓬蓬，实三棱陀陀，叩之丁丁然。周遭殿墀，数百年不见日月，西域种也。初入中国，嵾山、天台与此而三。游者匝树则返矣，不知泉也。

右转而西，泉呦呦来石渠，出地已五六里，寺僧分泉入花畦，泉不更出。寺长住，花供之，不知泉也，又不知石。

泉注于池，池前四五古杨，散阴云云。池后一片石，凝然沉碧，木石动定，影交池中。石上观音阁，如屋复台层。阁后复壁，斧刃侧削，高十仞，广百堵。循壁西去，三四里皆泉皆石也。

寺，唐名兜率，后名昭孝，名洪庆，今曰永安。以后殿香木佛，又后铜佛，俱卧，遂目卧佛云。

寺西广慧庵，东五花阁，更西南弘法寺，寺内外槐皆龙爪。更南张公兆，张公一女二子。女，文皇帝妃，子封彭城、惠安二伯，其封也，以军功。

《帝京景物略》卷六《西山上·卧佛寺》录咏卧佛寺诗

金坛王樵《卧佛寺》

别院对回廊，修门锁花木。
开谢山无人，虚堂自芬馥。
清风无已时，疾徐在深竹。
我就绳床眠，为待烹茶熟。
前山未须往，但留佳处宿。

王樵（1521—1601），字明逸，别号方麓。江苏金坛人，嘉靖二十六年（1547）进士，官至刑部员外郎。王樵精通经学，著述颇丰。

江阴邓钦文《卧佛寺》

古佛何年卧，空山日月低。
寺钟寒不歇，溪路碎无迷。

虫彩飞椿象，禽音窜竹鸡。
殿墀瞻老宿，香树种来西。

邓钦文，明嘉靖、万历年间人，江阴人士。

盱眙李言恭《卧佛寺》

二佛卧何日，娑罗初种朝。
游人摩顶踵，近寺接根苗。
寂寂劫先觉，荒荒年后凋。
山泉相与古，不去入尘嚣。

《卧佛寺牡丹》

不道空无色，花光照酒杯。
只疑天女散，绝胜雒阳栽。
香与青莲合，阴随贝叶来。
佛今眠未起，说法为谁开。

李言恭（1541—1599），字惟寅，号青莲居士，明朝南直隶凤阳府盱眙县人。明开国功臣李文忠八世孙。万历三年（1575），袭爵临淮侯，守备南京，累官至太保，总督京营戎政，万历二十七年（1599）卒。有《贝叶斋稿》《青莲阁集》等。

应天姚汝循《卧佛寺》

斜日叩山扉，茶烟袅袅微。
簇云将作雨，飞霭忽沾衣。
古树标前代，鸣泉喧息机。
涅槃瞻瑞像，愈觉世间非。

姚汝循（1535—1597），字叙卿，江宁人，嘉靖三十五年（1556）

进士。除杞县知县、大名府知府、嘉定知州。

顺天刘效祖《永安寺卧佛》

双树何人植，如来偃在床。

三生开觉路，万劫委慈航。

示寂形应苦，调心梦转长。

檀施烦问讯，岂是困津梁。

刘效祖，字仲修，号念庵，明代散曲家。原籍滨州，寓居北京，故又称宛平人。嘉靖二十九年（1550）进士，历任卫辉府推官、户部主事，官至陕西按察副使。因负才不偶，与时龃龉，因故罢官，退居林泉，寄情词曲，颇负时名。

仁和黄汝亨《卧佛寺》

亦为青山好，无时不卧游。

高阴琪树午，清响梵林秋。

寂寞全栖石，虚空半枕流。

我来亲授记，长日卧高丘。

黄汝亨（1558—1626），字贞父，号寓庸居士，杭州人，万历二十六年（1598）进士。授进贤知县，迁南京工部主事，升礼部郎中，出为江西提学；迁参议，备兵湖西，以强项罢归。行草合苏米之长，尝书啸赋屏。

公安袁中道《卧佛寺》

山深双佛榻，铃塔影斜阳。

万畛花为国，千围树是王。

觅泉源更远，寻石径偏荒。

数里新篁路，将无似楚乡。

袁中道（1575—1630），明代文学家，字小修，湖广公安人。万历四十四年（1616）进士，授徽州府教授，吏部郎中。与其兄宗道、宏道并称“三袁”，为公安派中坚。早年调性灵，晚年则主张以性灵为中心，兼重格调。著有《珂雪斋集》等。

丹阳贺世寿《逢闪仲畏太史同游卧佛寺》

秋容一径中，含吐状无穷。

霞散初肥柿，霜轻未醉枫。

自然幽意惬，偶得素交同。

窈窕幽栖里，山泉处处通。

贺世寿，原名烺，字函伯，又字玉伯、中泠、山甫，丹阳人。万历三十四年（1606）举人，三十八年（1610）进士，授户部主事。官通政使、兵部侍郎兼佥都御史，巡抚天津。崇祯十七年（1644）晋户部尚书，致仕归里。著有《思闻录》《闲坪杂识》《清音集》《净香池稿》等。

吴县姚希孟《卧佛寺听泉》

谁将石齿齿，漱出玉潺潺。

乱泻松涛急，分敲竹韵闲。

云深澌静夜，月落响空山。

一枕犹堪梦，飞琼接佩环。

姚希孟（1579—1636），字孟长，号现闻，南直隶苏州府吴县（今江苏苏州吴中区）人。万历四十七年（1619）中进士，改庶吉士，累官詹事，迁少詹事，掌南京翰林院，卒于崇祯中。善文，类竟陵派、公安派，主张率性自然，抒写性灵，有《文远集》《公槐集》《响玉集》等。

景陵胡恒《卧佛》

不是津梁倦，荒山眼界空。
一龛红湿外，三昧黑甜中。
有愿香花满，无声器钵同。
先皇施大被，曾为覆春风。

胡恒，明末景陵人，号补庵。任会稽教谕，升国子监助教，擢户部主事，转郎中，监督钱局，升四川上南兵备道。后被张献忠擒，不屈，遇害。

吴县释修懿《卧佛寺》

卧佛兹山久，应知亦爱山。
鸟窥幢影乱，铃语塔风闲。
客恋娑罗好，僧愁兰若艰。
静喧同此意，谁见月先弯。

释修懿，吴县（今江苏苏州吴中区）僧，曾游卧佛寺。

凉州吴惟英《卧佛寺》

山门云破塔高悬，碎路行来久不前。
佛卧似经千劫老，客游曾记十年前。
柿光点点分红日，竹韵芒芒合翠烟。
西麓试探泉尽处，坐听石隙泻涓涓。

吴惟英（1605—1643），明初恭顺侯吴瑾（蒙古人，吴为赐姓）五世孙。吴汝胤子、吴惟业弟，陕西行都指挥使司凉州卫人。继兄之后袭恭顺侯爵，掌管后军都督府管府事、京营总督。崇祯末，李自成入北京，吴惟英全家自尽殉国。

公安袁祈年《娑罗树》

异种来震旦，千纪战风霜。
惊电莫能照，山鬼安敢藏。
孙枝分他岭，亦可称树王。
干肤如彝鼎，凡木无足方。
惟优昙钵罗，殊胜为相当。
呼老衲扣之，语焉而不详。
惟言童至今，庵蔼不异常。
僧腊逾八十，头白如树苍。
语罢各叹息，晨风破烟翔。

袁祈年，字未央，更字田祖。袁中道之子，与谭元春等人有交。

嘉兴谭贞默《娑罗树歌》

穹山庆谷能奇树，树性无过五土赋。
此种流传印土国，七叶九华人莫识。梵名却唤娑罗勒。
岂亦其材无可用，致教日月失晨昃。
报国古寺两怪松，侏儒其质婆娑容。
娑罗作宾松作主，吾将揖让成会同。
佛为皇灵护西东，卧治娑罗坐理松。
不尔神物飞作龙，安得老死游其中。

谭贞默（1590—1665），字梁生，又字福征，号埽，又号埽庵，嘉兴人。崇祯元年（1628）进士，累官至国子监司业兼祭酒。贞默好博览于书，无所不读。曾拜名僧憨山大师为师，并为作《憨山老人年谱自叙实录》。有《谭子雕虫》《埽庵集》《三经见圣编》等传世。

宛平于奕正《娑罗树歌》

不知老树年何庚，西山一簇娑罗名。
大叶小叶青如剪，千螺万螺绕根生。
阶前数亩数百载，日影不向其中行。
耳中惟闻雨大作，出树乃见天空晴。
人间谁欲为知旧，汉柏是弟秦松兄。
谭子昂首为余说，嵾山曾见蔽日月。

于奕正，《帝京景物略》作者之一。

其他明人记载

袁中道《西山十记·卧佛寺记》

香山，跨山踞岩以山胜者也，碧云以泉胜者也。

折而北为卧佛寺，峰转凹，不闻泉声，然门有老柏百许森立，寒威逼人。

至殿前，有老树二株，大可百围，铁干镠枝，碧叶虬结；纡羲回月，屯风宿雾；霜皮突兀，千瘿万螺；怒根出土，磊块诘曲。

叩之，丁丁作石声。殿墀周遭数百丈，数百年以来不见日月。石墀整洁，不容唾。

寺较古，游者不至，长日静寂。若盛夏宴坐其下，凛然想衣裘矣。询树名，或云娑罗树。其叶若簌，予乃折一枝袖之，俟入城以问黄平倩，必可识也。卧佛盖以树胜者也。

夫山刹，当以老树古怪为胜，得其一者皆可居，不在整丽。三刹之中，野人宁居卧佛焉。

陈梦雷《古今图书集成》收录前人《再游香山，至平坡寺庐师山记》

自亭右沿山膝行，又溯一小村，而香山碧云始见。见山以上下皆漫漫遥白，余曰："云也。"子瞻营视不应，徐而曰："其云耶？将无是英英者耶？"已而，问之山农，乃真杏花也，始大叫，以为奇绝。

相羊至卧佛寺，面面皆花，而一绯杏据西原上者，大可盈抱，且殊丽，三人缘而上，则枝轮樛覆，若倒挂茱萸，网网外，复施百步锦障。余骀荡不自持，而日且晡矣。

《钦定日下旧闻考》中的卧佛寺文献

乾隆三十八年（1773）至乾隆四十七年（1782），奉乾隆皇帝之命，由于敏中、英廉、窦光鼐等人，在康熙年间朱彝尊《日下旧闻》一书的基础上，考证、补充而成的一步关于北京历史、地理、城坊、宫殿、名胜的地方志书。书中收录了一些卧佛寺的历史资料，附录如下：

"聚宝山在玉泉山西南，行数里，度两石桥，循溪转至卧佛寺。寺在唐为兜率寺，今名永安，殿前娑罗树来自西域，相传建寺时所植，今大三围矣。"（《春明梦余录》）

（臣等谨按）玉泉山西南平壤中有岗阜隐起，俗称"荷叶山"，疑即孙承泽《春明梦余录》所称“聚宝山”也。卧佛寺，雍正十二年世宗宪皇帝赐名“十方普觉寺”。殿前恭立世宗御制文碑。方丈恭悬世宗御书联曰：“花气合炉香馥郁，天光共湖影空明。”其殿檐额曰“双林邃境”，卧佛殿额曰“得大自在”。禅堂联曰：“苔益山文古，池添竹气清。”方丈额曰“是地清凉”。联曰：“雨花点地成金粟，水月莹秋贮玉瓶。”檐前联曰：“云开春阁图书静，雨霁秋窗竹桂闲。”皆皇上御书。明碑六：一寿安禅寺记，明礼部尚书毗陵胡濙撰；一檀越题名记，皆景泰三年立。一明宪宗寿安寺如来宝塔铭；一敕谕碑，皆成化十八年立。一重修记，嘉靖三十五年立。一明神宗寿安寺碑，万历十四年立。寺内娑罗树今尚存。

“卧佛寺于深山绝涧中乃得。寺以窣波为门。殿前娑罗树二株，西有泉注于池，池上有石如碧玉。”(《珂雪斋集》)

(臣等谨按) 十方普觉寺山门旧塔今已无存，池与石在寺西观音堂之下，今尚存，详见后条。

“寿安寺白塔卓山门上，入门古桧百章，殿前二娑罗树大数十围，左一海松，后殿卧佛一，又后小殿更置卧佛一，后遂称‘卧佛寺’。”(《游业》)

(臣等谨按) 卧佛今仅存铜佛一尊，其香檀像已无存。

原：“卧佛寺名‘寿安’，因山得名，‘卧佛’，俗称也。寺门有胡濙碑。卧佛凡二：一香檀像，唐贞观年造；一铜像，宪宗皇帝时造。寺僧云。”(《长安可游记》)

原：“卧佛寺唐名兜率，后名昭孝，名洪庆，今曰永安，以

后殿香木佛又后铜佛俱卧，遂目卧佛云。寺西广慧庵，东五华阁，西南宏法寺。”（《帝京景物略》）

（臣等谨按）广慧庵已圮，仅存明万历间庶吉士胡尚英碑，详见后卷。五华阁遗址在十方普觉寺东北山坡上，宏法寺今无考。

原：“卧佛寺亦以泉胜，层岩夹道，木石散置，可游可坐。两殿各卧一佛，长可丈余，其一渗金甚精。寺内娑罗树二株，子如橡栗，可疗心疾。门西有石盘，方广数丈，高亦称是。上创观音堂，周以栏楯。石盘下游小窦出泉，淙淙铮铮，下击石底，听之泠然。寺多牡丹，盖中官所植，取以上供者。”（《长安客话》）

原：“卧佛寺今上曾驻跸有重修御制碑。”（《燕都游览志》）

原：“五台山僧侈言娑罗树灵异，至书图镂版，然如巴陵、淮阴、安西、伊洛、临安、白下、峨眉山，在处有之。闻广州南海神庙四本特高。今京师卧佛寺二株亦有干霄之势。顾或著或不著，草木亦有幸不幸也。”（《渌水亭杂识》）

原：“英宗继位，是年九月建寿安山寺，给钞千万贯。十月，命拜柱督造寿安山寺。”（《元史·英宗纪》）

原：“至治元年春，诏建大刹于京西寿安山，索约勒哈达默色与御史观音保、成珪、李谦亨上章极谏，以为东作方始，而兴大役，以耗财病民，非所以祈福也。且岁在辛酉，不宜兴筑。帝乃杀索约勒哈达默色与观音保，杖珪，谦亨，黥之，窜诸遐裔。”（《元史·索约勒哈达默色传》）

原：三月，益寿安山造寺役军。十二月，冶铜五十万斤作寿安山寺佛像。二年八月，增寿安山寺役卒七千人。九月，给寿

安山造寺役军匠死者钞，人百五十贯。幸寿安山，赐监役官钞人五千贯。(《元史·英宗纪》)

原：泰定元年二月，修西番佛事于寿安山寺，三年乃罢。(《元史·泰定帝纪》)

原：天历元年，立寿安山规运提点所；三年，改昭孝营缮司。(《元史·百官志》)

原：至顺二年正月，以寿安山英宗所建寺未成，诏中书省给钞十万锭供其费，仍命雅克特穆尔、萨勒迪等总督其工役；以晋邸部民刘元良等二万四千余户隶寿安山大昭孝寺为永业户。(《元史·文宗纪》)

朱彝尊原按：寿安山即五华山，果啰洛纳延《题张文忠谏罢灯山稿诗》自注：至治间，御史观音保谏五华山事弃市，公时为中书参议，翊曰上谏灯山疏，可证也。今之卧佛寺，疑即元昭孝寺，当时凿山开寺，最称巨刹。五华、广慧其地甚隘，必合卧佛而为一尔。卧佛铜像虽传成化时造，而碑记未详。安知非冶铜五十万斤所铸耶？

增：世宗《御制十方普觉寺碑文》：

西山寿安有唐时古刹，以窣堵波为门，泉石清幽，层岩夹峙，乃入山第一胜境。寺在唐名兜率，后曰昭孝、曰洪庆、曰永安，实一寺也。中有旃檀香佛像二：其一相传唐贞观中造；其一则后人范铜为之；皆作偃卧相，横安宝床，俗称卧佛，见于记载诗歌者屡矣。岁久颓圮，朕弟和硕怡贤亲王以无相悉檀，庀工修建；嗣王弘晈弘晓继之，舍赀葺治。于是琳宫梵宇，丹雘焕然，遂为西山兰若之冠。工既竣，命无阂永觉禅师超盛往主法席。夫象教之设，所以显示真宗佛身充满于法界，普现一切群生前，随缘赴感，靡不周，而恒处此菩提座。是以造像多为五色莲台，结跏趺坐。而兹独示卧相者，其义何居？《善见毗婆沙律》释佛游王舍卫城，谓游有四：一者行，二者住，三者坐，四者卧，以是四法名之曰游。然则竖穷三际，横亘十方，惟一真心，泯绝对待，应缘现迹，任物成名，凡此四威仪，边在三摩钵地，如玉镜之交照，似宝珠之五色。非同非异，非即非离，居斯常寂光中，便是毗卢顶上。今者，石泉流于舍下，木叶飘于岩间，非王舍卫城行法游乎？塔铃少选而声销，幡角无风而动息，非王舍卫城住法游乎？行者、住者如是，坐者、卧者同然矣。夫虚空无相，不拒诸相发挥；法性无身，匪碍诸身显见。果能不起有情无情之忘想，不生心内心外之邪思，将一法才通，万象悉归心地；千途并会，光明遍满恒沙。此七宝床上古佛，现前丈六金身，盖覆大地，占断三际，不往不来，岂非一佛卧游，十方普觉欤？因名之曰“十方普觉寺”，而勒是语于碑；并记朕弟和硕怡贤亲王修寺缘起，以示来者。内阁学士兼礼部侍郎加一级臣励宗万奉敕敬书

增：乾隆七年《御制秋日普觉寺》诗：

增：乾隆七年《御制秋日普觉寺》诗：金飔飐华盖，露气逗晓寒。西山景色佳，驾言兹游盘。羽骑度林樾，和鸾驻禅关。两峰辟仙路，其背众岭环。兰若百年余，胜境非尘寰。是时新秋霁，黛色涤远峦。一川禾黍风，西成诚可观。金吾莫喧呼，恐妨僧坐禅。屏营礼大士，而无心可虔。卧佛伸其足，万劫常安眠。菩萨群拥立，垂垂宝发鬟。

旋憩方丈幽,敲火烹山泉。泠泠来牖下,流为清镜澜。杂英纷砌旁,凤仙与鸡冠。尘心一以洒,回跸传林间。比丘漫凝睇,争如上方闲。

增:乾隆八年《御制香山示青崖和尚》诗:峰含宿润黛螺新,一脉曹溪试涧津。憩彼来青之梵室,对兹衣紫者山人。却欣触目皆无滓,不必谈元始远尘。坐久兰烟消篆字,禽声树色总天真。

臣等谨按:是诗御书宝翰恭悬普觉寺方丈,今恭载卷内。青崖,本寺住持僧名也,其屡蒙赐示诗章,例不具录。

增:明宪宗《寿安寺如来宝塔铭碑》:

去都城西北半舍许,即香山乡,其地与植,沃衍葱郁。民居、僧舍,联处而不断,盖近圻之胜概也。

直乡西北有山曰寿安。山不甚高,而蜿蜒磅礴之势来自太行,至此与居庸诸山相接。

山之阳有寺曰寿安禅寺。寺创于唐,其始名兜率,后改名昭孝、洪庆。历年既远,其规制悉毁于兵,漫不可考矣。

正统中,我皇考英宗睿皇帝临御日久,天下承平,民物蕃庶。因念世道之泰、治化之隆,必有默相阴佑之者,而金仙氏之教实本于慈悲、宏于济利、归于正觉,所以劝善化恶咸趋于正者,不无补于世也。乃眷是寺,鼎新修建,构殿宇以及门庑,杰制伟观,穹然焕然,非复昔之莽苍比矣。已乃敕赐今名,颁《大藏经》一部,置诸殿。值佳时择日,亲御六龙以临幸焉。并赐白金、楮币为香火之费。于时缁流拜稽,俯伏兴念,莫不庆幸千载之一遇。盖环都城号为名刹者,曾不及是寺之光显也。

迩来又三十有余年矣,朕惟皇考之志是崇是继,乃暇日因披图静阅，知寺犹有未备者。命即其前高爽之地营建如来宝塔一座，辇土输石，重叠甃砌，既周既密，式坚且好，阑槛云拥，龛室内秘，宝铎悬其檐，相轮覆其危，丹垩之饰周匝于内外，诸佛菩萨神天之像层见于霄汉间。

盖其高以丈计者七，而缩其为尺者一，其阔以丈计者五，而赢四尺，其深比阔杀二丈一尺。蟠固峻峙，巍峨山立，而神光华灯，昕夕露现，屹望于数百里外，真福地之奇迹也。

既又于其下构左、右二殿，各高二丈而赢四尺，经始于成化壬寅春三月，落成于冬十一月。既成，藏舍利塔中，若昔阿育真相为之者。

嗟夫！朕建斯塔，非徒以崇观美也，所以表是寺得其地、得其山，又得我皇考恩光之沾被，足以传千载而不朽也。所以揭大法于有象，示万目之指归，使夫乐善者知所趋，稔恶者知所悟，而不迷其途也。所以示百千世界，俾皆兴其精进之心，皆破其邪惑之见而成其善果，则足以上答天地祖宗之恩，下为生民造福也。愿力所及，欲丕显丕承，肆捉笔纪成绪以告夫来者。

成化十八年十一月立

原：朱国祚《卧佛寺》诗：传闻兰若春三月，花比青弥陀院多。惆怅芳时来独后，但闻枫叶响娑罗。(《介石斋集》)

原：陈万言《卧佛寺》诗：览眺吾将倦，津梁子亦疲。远岚灯焰细，侧桧两声攲。僧榻禅栖定，蕃斋夜供迟。松寮思襆被，不记出山时。(《钘园集》)

原：宣和手敕一通，卷首题识四字，英宗皇帝御书也。帝以

至治三年正月幸五华山，有以此书献者，丞相拜柱侍侧，就题以赐之。(《道园学古录》)

原：丞相顺宁、忠烈王阿实克布哈侍上于五华殿，进寡嗜欲、薄滋味之戒。上嘉其忠忱，命进酒。王曰："陛下既纳臣言，不足取信也。"上为罢酒。(《黄文献集》)

麟庆《鸿雪因缘图记》之"卧佛遇雨"

卧佛寺在荷叶山，唐名兜率，后曰昭孝、曰洪庆、曰永安，以后殿有铜佛卧像，故俗称卧佛。雍正间，赐名十方普觉寺。门前有五色琉璃坊，高宗额曰同参密藏。再前为驰道，长里许，夹以古桧百章。入道处又立绰楔。门径宏丽，为西山诸刹冠。癸卯七月二十日，余自宝藏寺驱车出山，过四王府，遥望香山，清脆撩人。正凝睇间，忽见玉乳峰时嘘云气，又一峰顶有物群聚，状若蜥蜴，映日作金色，云渐滃起，土人指曰：此喷云虎也。云大雨即至矣。继而云头愈浓，雨脚斜露，风送烟飞，苍翠忽失。渐来渐近，驱车疾驰，迎面风大，健骡不前，回车避之。风过，雨略住，急驰入卧佛寺坊。雨甚，衣装尽湿。比入寺，平地水深数寸，乃循廊憩方丈中。少顷，雨霁，瞻卧佛，长丈六尺，范铜渗金，衮髹五彩。问创自何代，碑记未详。考元史至治元年，诏建西山大寿安寺，冶铜五十万斤作佛像，或即此耶？殿前娑罗树二株，相传唐贞观创寺时，自西域移种，叶七开，每二十余叶相沓，捧子六棱，累垂叶底，问：何时作花？僧答云："春夏之交，苞大如拳，每苞九朵，红白色，子疗心疾。树最洁，鸟不棲，虫不生。康熙、雍正间，均荷御制诗咏之。”随步出寺门，瞻琉璃坊，花雕藻绘，工丽绝伦。驰道砥石修平，经雨如沐，真巨观也。恭读世宗圣制碑记云：“佛游王舍卫城，谓游有四，一行，二住，三坐，四卧。居此常寂，光中便是毗卢顶上，卧者不起妄想，岂非一佛卧游，十方普觉欤？因名之以示来者。”圣聪天亶，妙悟非凡，真所谓阿耨多罗三藐三菩提也。

《熙朝雅颂集》中的卧佛寺诗文

铁保（1752—1864），满洲正黄旗人，字冶亭，号梅庵，清代书法家，与成亲王永瑆、刘墉、翁方纲并称为清四大书法家。

他主编了《白山诗介》和经嘉庆皇帝赐名的《熙朝雅颂集》，著有《惟清斋全集》，书法上先后辑有《惟清斋字帖》《人帖》《惟清斋法帖》等。

寿安寺读王北山给谏诗，怆然有感，因步原韵

李基和

人去山无恙，秋深气更清。

新诗余败壁，古屋倚衰楹。

日暮云归岫，峰环树作城。

苍凉今昔梦，挥涕欲沾缨。

李基和，字协万，号梅崖，康熙癸丑进士，改庶吉士，散馆改主事，累官江西巡抚。有《梅崖诗集》。

雨后入卧佛寺

英廉

三年三到山中寺，高枕瞿昙卧未兴。
自识浮沉皆昨梦，漫将冷暖问闲僧。
当门峰势随云断，穿院泉声过雨增。
好在阶前七叶树，花开依旧雪层层。

英廉，字计六，号梦堂，雍正壬子举人，累官至保和殿大学士，有《梦堂诗稿》。

西山卧佛寺观娑罗树花

双庆

古殿礼空王，支筇更缓步。
绕砌频嗟吁，爱此菩提树。
干霄不识年，婆娑霭烟雾。
夏仲一吐葩，阔叶分低布。
幻形现浮图，离离亿万数。
淡色袈裟染，寒香梵呗度。
珠雨洒昙云，仿佛西来趣。
半偈叩山僧，踟蹰日将暮。

双庆，字咸中，号有亭，又号西峰，满洲人。雍正癸丑进士，改庶吉士，散馆授编修。官至礼部侍郎。有《亲雅斋诗草》。

桫椤树歌

明泰

西山卧佛寺有桫椤树一株，苍鳞怒干，势若虬龙。传云种出西域，为张骞携来者，虽无足凭，盖亦千年外物也。

怒龙奋迅天无色，风雨万山飞霹雳。
侧臂擎云云母愁，尾摇坤轴昆仑仄。
空传银汉泛归槎，岂随天马来西极。
寒生月窟宝光迷，有过仙人眠不得。
斫残鳞甲坠人间，千年变化谁能测。
林深鬼哭疾归来，拔山飞去沧溟北。

明泰，字拙庵，一字拙斋，满洲人，有《拙庵诗钞》《日悔堂诗草》。

张问陶咏卧佛寺诗

张问陶

咏卧佛寺诗

四月十五日，由香山至卧佛寺奏火即事，寺中娑罗树相传为唐贞观时所植。

却为应官缔佛缘，津梁疲卧合相怜。
神中白简藏真火，头上青山涌妙莲。
麦浪连天迎夏雨，娑罗留客话唐年。
斋鱼珂马谁千古，滑路回车一怅然。

自卧佛寺归，午睡，得大雷雨

露筒归来墨尚新，也如卧佛离风尘。
虚堂高枕听雷雨，不是拖泥带水人。

赠香山卧佛寺娑罗树

一树阅唐宋，吾生却有涯。

甘逃名匠手，笑倚梵王家。

秋扫钞经叶，春开佞佛花。

山僧谁解脱，可惜好袈裟。

张问陶（1764—1814），字仲冶，号船山，另有老船、蜀山老猿等别号。祖籍四川遂宁。乾隆五十五年（1790）进士。历任翰林院检讨、江南道御史、山东莱州知府。张问陶主张诗歌应写性情，有个性，反对模拟。

艺文华彩

历代咏诵卧佛寺诗文

清代咏诵卧佛寺的诗文多为清代帝王和清代士人所作。

清代帝王与卧佛寺关系最为密切的，当属乾隆和怡亲王弘晓。乾隆咏卧佛寺诗已多在文中引用，因此不再在附录中重复。怡亲王弘晓咏卧佛寺诗文，以及清代士人咏诵卧佛寺诗文，本书摘自樊志斌先生所著《十方普觉寺》。文献的发现，需要博览与探究，在此表示感谢。

弘晓（1722—1778），字秀亭，号冰玉主人，怡贤亲王允祥第七子。雍正八年（1730），允祥薨，雍正谕令：“吾弟之子弘晓着袭封怡亲王，世世相承，永远弗替。凡朕加于吾弟之恩典，后代子孙不得任意稍减。”弘晓遂承袭怡亲王，其兄弘晈别封宁郡王。

弘晓是清代著名藏书家、诗人，有《明善堂诗集》传世，其中有题卧佛寺诗六首。

至普觉寺

钟声何处动，寻径到前山。
初地幽而静，老僧清且闲。
水流随涧注，云起绕岩间。
顿切皈依念，宗风莫可攀。

娑罗树

疑是祇园树，如何此地栽。
婆娑当客坐，苍翠荷僧培。
初地垂虬干，禅房映碧苔。
更忻幽静意，仙梵出林来。

至普觉寺

秋日凉风动，寻幽到寺中。
石泉流细响，古柏发青葱。
心静耽禅理，身闲悟法空。
偶来吟赏遍，意绪自融融。

随驾幸卧佛寺恭纪

扈从山行好，清尘辇路幽。
花宫瞻此日，卧佛已千秋。
月映朱旗动，风飘香篆浮。
吾皇偶临幸，不是喜宸游。

恭和《御制香山示青崖和尚》韵

翠辇遥临古刹新，四围山色映芳津。
祇林寂静通方丈，莲社因缘契上人。
法界潮音飘碧落，诸天香气奉清尘。
追陪笑指拈花处，应悟观空色相真。

至普觉寺，同明上人话禅

偶访招提境，西飙叶落稀。
溪声穿石溜，山矗任云飞。
暇日寻初地，宗风阐道机。
暂时幽赏处，暮色映禅扉。

普觉寺

路入招提境，重瞻古道场。
宗风参老衲，觉海悟空王。
石径缘苔滑，松阴入席凉。
已公遗拄杖，助我步趋跄。
（时方丈僧以杖赠余）

娑罗树

灵干不同薝蔔，参天荫满禅龛。
懒伴苍髯古叟，曾依黄面瞿昙。

爱新觉罗·永瑆（1752—1823），号少厂，一号镜泉，别号诒晋斋主人，清高宗第十一子。乾隆五十四年（1789）封成亲王，书名重一时，与刘墉、翁方纲、铁保并称清中期四大书法家。礼亲王昭梿《啸亭杂录》载："永瑆名重一时，士大夫得片纸只字，重若珍宝。论者谓国朝自王若霖（澍）下，一人而已。”著有《诒晋斋诗文集》及《续集》《随笔》《仓龙集》等。

其《诒晋斋诗文集》有卧佛寺诗一首：

十方普觉寺（即卧佛寺）

春风吹马入山行，古桧合沓相逢迎。
云光英英落磴道，有时亦作寒涛声。
心空节蹙皮理直，千年已具枯僧形。
石根铜柯劫灰死，兀帤两仪栖万灵。
尘容俯仰自惭愧，迥得拨翠排青冥。
上方练若遁世外，静阅弹指更浮名。
五华之阳古文佛，卧看代水龙门清。
旬骊归来悯忠建，兜率想像同经营。
兵闻石□念休息，象设或有津梁情。
大都戎马横蹙踏，露盘几向秋风倾。
香檀刻像渺何许，沙虫仿佛荒榛荆。
渗金一掷五十万，役徒扰扰如军兴。
赐钱徙户费规运，更如汉室营诸陵。
牵裾折槛事亦有，颈鳌忽遽吁可惊。
转怜傅奕不咒死，坐觉韩愈犹世轻。
山门白塔但传说，月树两株依旧青。
枝撑轮囷百尺外，两廊日影齐珑玲。
寒泉曲注销雪院，斋厨户户双丝瓶。
老衲待客甚疏宕，臞趺自对大净灯。

僧雏殷勤劝蔬笋，为言旧碣余前明。

始知太行走西麓，蜿蜒磅礴来神京。

流莺怪底不到耳，居庸积雪高峥嵘。

谈迁《北游录·纪文·游西山记》：

已游寿安寺。东距（碧云寺）五里，间道度绝壑，石细碎，为刃为镞，砰砰磕磕。经弘化寺、故惠安伯张襄靖伟墓，并毁，抵寿安寺。

门若天阙，峙以浮屠，势固雄而衰相现矣。饥僧二三人，踏落叶、守败椽。娑罗二，在殿前，右围三人有奇；左杀，其一垂荫半亩。又，卧佛殿丈六金身，右臂支颐而卧，神祖以锦衾覆之。像自有唐与娑罗同植，明僧济舟重立。万历丙戌。

谈迁（1594—1658），原名以训，字仲木，号射父。明亡后，改名为迁，字孺木，号观若。谈迁自幼刻苦好学，博览群书。谈迁在北京走访降臣、皇室、宦官和公侯门客，搜集明朝遗闻，实地考察历史遗迹，加以补充、修订。著有《国榷》《枣林集》等。

王嗣槐《西山游记一》：

明日，过乾谿，至卧佛寺，娑椤二树铁干扶苏。折而北至退谷，坐亭上，流泉出涧，松风浏然，存人引卮而叹："人之知此而止者，盖亦罕矣。"

王嗣槐，清初钱塘（今浙江杭州）人，字仲昭，号桂山。诸生。康熙十八年（1679）举博学鸿儒，以老不与试，授内阁中书。性慷慨，善谈论，书无不窥。性简脱，与俗忤。尤善作赋。有《桂山堂偶存》《啸石斋词》《太极图说论》等。

卧佛寺

王士祯

清晨越南涧，毕景来东林。
石径入幽阒，稍闻钟磬音。
禅房鸭脚古，别院桫椤阴。
春夕月复佳，微云灭遥岑。
山气自蓊郁，天宇亦森沉。
道人淡相对，松风洒衣襟。
夙怀清净退，因识妙明心。
寂寥无可说，请君张玉琴。

王士祯（1634—1711），原名王士禛，字子真、贻上，号阮亭，又号渔洋山人，人称王渔洋，新城（今山东桓台县）人。博学好古，诗为一代宗匠，与朱彝尊并称。

自玉泉至卧佛寺

宋荦

西山之麓湖之涯，玉泉亭榭开天家。
访古已入华严洞，徘徊敢驻巾柴车。
耶律孤坟竟何在？荒烟一抹官人斜。
樵夫导客游卧佛，苍岩抱处云林嘉。
其旁咫尺维退谷，其巅古寺有五华。
寻幽无事相迫促，入门且看山桃花。
娑椤夹殿作虬舞，油油新叶浓阴加。
披襟跂脚送落日，斗大树瘿舆徒夸。

故人命酒余戒饮，清泉一勺煎三桠。

墙隅小丘启绀宇，盘桓直欲凌丹霞。

微风不动万籁静，何来聒耳纷鸣蛙？

方塘潋滟凿山趾，一泓不异樽罍洼。

黄昏待月坐精舍，跏趺岂与维摩差？

夜阑耿耿增感触，缮性未熟同烝沙。

诗成题壁字攲侧，悬知他日无笼纱。

钱翊属和意良厚，我诗尚望攻其瑕。

参横月落重呼酒，倦仆相顾生咨嗟。

空阶倚杖望碧汉，迢遥不见纤云遮。

明朝结伴穷涧壑，山灵知我不我遐。

晨钟忽动掉头去，松梢肃肃盘飞鸦。

宋荦（1634—1713），字牧仲，号漫堂、西陂、绵津山人，晚号西陂老人、西陂放鸭翁。河南商丘人。国史院大学士宋权之子，清代著名诗人，书画家、文物收藏家和鉴赏家。

卧佛寺

朱彝尊

路入晴云北，山攲卧佛前。

津梁疲已甚，土木意能传。

夜续林中磬，春流枕外泉。

长安车马客，输尔只高眠。

朱彝尊（1629—1709），清代著名诗人、词人、学者、藏书家。康熙十八年（1679）举博学鸿词科，以布衣授翰林院检讨，入直南书房，曾参加纂修《明史》。

卧佛寺

查慎行

古寺无僧佛倚墙，卧听蝙蝠掠空廊。

晚来光景尤萧瑟，叶叶西风戏白杨。

查慎行（1650—1727），初名嗣琏，字夏重，后改名慎行。康熙四十二年（1703）进士，特授翰林院编修，入直内廷。

查慎行诗兼学唐宋，是清初学宋诗最有成就的诗人，对诗坛影响极大。

过卧佛寺三月

永忠

无意寻莲社，随车踏曲尘。

望山行去近，抚树再来新。

香饭须充腹，清泉乞湿唇。

主人成一笑，竹杖话前因

（上人曾许斫竹做杖）。

过莲筏上人

十里柔风桃片飞，两行新柳绿成围。

山堆螺黛春深重，水叠靴纹雨后肥。

开士有书招入社，道人无恙正忘机。

小车历鹿行来近，重把犀牛扇子挥。

永忠（1735—1793），字良辅，一字蕖仙，又字臞仙，延芬居士。满洲人，清宗室，为康熙十四子恂勤郡王允禵孙、多罗恭贝勒弘明子，袭封辅国将军。好藏书、读书，精于诗、画、琴、书。有《延芬室集》传世。

其他清人咏卧佛寺诗文

宝鋆诗中的卧佛寺

卧佛寺七律

宝鋆

古寺开山溯寿因，西来深意幻仍真。
慈光玉照三千界，妙蕴金坚丈六身。
兜率天遥青列岫，娑罗阴古翠无尘。
莲台瞻仰频依恋，我是阿罗第几人。

西山即事，用十方普觉寺壁间斌笠耕司寇韵

山口霞烘绛点唇，乱峰合沓状奇新。

苍松夹道阴成幄，白塔干霄彩烁银（东望玉泉，塔势岿然，南北峰头各一，皆白色）。

花好不教荒燕麦，蔬香何用羡鲈莼。

流泉漉漉兼清磬，远隔烦嚣洗六尘。

题十方普觉寺壁

窣堵波高不二门，青崖迹杳佛常存（青崖为卧佛住持，乾隆八年有御制示青崖僧诗）。

塔铃吉语占佳谶，炉篆幽香净旅魂。

朱碧联翩看鸟毳（有鸟文采甚都，飞翔松石间，寺僧呼为花红燕)，龙蛇郁律走松根。

桃花源外别天地，欲起渊明把酒论。

十方普觉寺

宪庙鸿文日月光，穹碑百尺灿琳琅。

神游坐卧融行住，劫历元明溯宋唐。

智慧海宏开觉路（原名兜率、永安等，今改普觉，碑文极为详核)，娑罗树古发天香。

寒山拾得知何处，拟仿希夷问睡方。

再叠前韵

佛火光莹舍利光，石泉汩汩韵琅琅。

谁求骏马如支道，众爱繁花笑李唐（牡丹花事已阑，故云)。

二老风规留翰墨（僧房有梅谷二兄楹、帖，贵云溪太夫子七律)，五华云气护馨香。

独醒不是如来意，示我圆通洴澼方。

宝鋆，索绰络氏，字佩蘅，满洲镶白旗人，道光进士。咸丰时，曾任内阁学士、礼部右侍郎、总管内务府大臣。同治时，任军机大臣上行走，并充总理各国事务大臣、体仁阁大学士。光绪时，晋为武英殿大学士。后人集其诗文为《文靖公遗集》。

孙衣言咏卧佛寺

次日，复同过卧佛寺而归，又作长歌一首

孙衣言

夜深欲睡闻晨钟，起视天宇东方红。

日色已在西北峰，我游乐矣两马骢。

沙石确确车隆隆，门前华表标巍崇。
入门杂树青葱茏，桫椤可荫一亩宫。
一佛长身眠曲肱，与世岂复关昭聋。
旁视大骇悲填胸，尼父危坐犹章缝。
右列女子清以丰，嗟是安取欺愚蒙。
聊复舍去穷幽穹，有僧导客归房栊。
前列细竹清生风，其西堂宇尤穹窿。
嵽嵲御榻森当中，方池渟碧荇藻封。
石螭吐水如奔潨，有源曲折来高峰。
峰前石壁青百重，藤萝谡谡松柏桐。
十年奔走京尘红，坐觉台荡青无穷。
轩辕之游升崆峒，昆吾御宿皆神功。
先皇御极尤俭恭，诏斥上苑容耕稯。
诸祠尽罢无官供，当时无事常岁丰。
盛德乃与汉文同，嗟二三子犹晚逢。
今皇继圣登夔龙，两阶干羽何雍容。
惜我远去将从戎，润色犹当须诸公。
何时薄游从上雍，题诗更和风入松。

孙衣言（1814—1894），字劭闻，号琴西，浙江瑞安人。道光三十年（1850）进士。咸丰初，授编修，入直上书房，升侍讲。后累官至太仆寺卿。端雅好学，喜谈经济，工古文，著有《逊学斋文钞》等。

日本明治十九年（光绪十二年）冈鹿门《燕京日记》载：

廿二日、四日，西行二三里至玉泉山……出园左折，雨潦之余，道路变为溪涧，砂渍没车辙。

至普觉寺，为唐代古刹，殿安卧佛，大二丈许，有乾隆帝御碑曰："寺本名兜率，后改昭孝，又洪庆，今称十方普觉寺。贞观年间，以栴檀木刻二卧佛，今亡其一。"庭前老松偃盖，清阴满地。门，碧瓦所筑，珑然犹陶成然。

蹊田垄，至碧云寺。

冈鹿门，即冈千仞（1833—1914），字振衣、天爵，号鹿门，日本仙台藩士，明治时期日本汉学家。性飘逸，喜与他国文人学士交游。光绪十年（1884），航游中国，著有《尊攘记事》《观光纪游》等。

徐珂《清稗类钞，六府文藏·子部·杂家类·西山诸胜》：

自玉泉山骑驴西行……由玉泉山来者先至荷叶山。山在玉泉西南平壤间，约八九里入卧佛寺，即唐之兜率寺，雍正间赐名"十方普觉寺"。

门前有琉璃坊一座，前镌"同参密藏"四字，后镌"具足精严"四字，皆高宗御笔。其内一池作半圆形，蓄小金鱼甚多，水石甚清。

门内为甬道，长约里许，古松奇桧夹道森列。

殿三进，最后有一卧佛，以手支颐而卧，长约一丈六尺，范铜渗金，精髹五彩。元至治辛巳，诏建西山大寿安寺，冶铜五十万斤作佛像，殆即此也。两隅有方桌，各陈佛鞋，为人民制以奉佛者，大小不一，凡二十余对，最大者长约二尺五寸，鞋头阔八九寸。

前院有桫椤树一株，又名七叶树。其叶七出，略如鸡爪，故名。树最洁，古人谓为鸟不栖、虫不生，干围两人抱，约一丈一尺以上，上半已枯，心空如刳，然巨枝下垂，犹拳曲如虬龙，相传为唐贞观建寺时自西域移植而来者。

刘光第《卧佛寺夜宿，听人谈关外兴胜》

西山青断北山连，山脚南飞古寺前。
但睹先皇行宫在，好寻卧佛共龛眠。
夜凉空院娑罗雨，秋老雄关雕鹗天。
闻道东边急形势，可能筹策学忘禅。

刘光第（1859—1898），字裴邨，四川省自贡市富顺县赵化人，光绪九年（1883）癸未科进士，授刑部候补主事。参与新政。“戊戌六君子”之一。

溥心畬《玉楼春·西山卧佛寺行宫》

霓旌凤辇长河路，转眼浮云迷故处。
离宫玉殿碧天秋，旧苑碑亭黄叶雨。
湖光树色多清苦，照尽垂杨千万缕。
当年阿监已无人，只有春山朝复暮。

溥儒（1896—1963），爱新觉罗氏，字心畬，别号西山逸士，清恭亲王之孙，近代著名书画家、收藏家。擅山水、人物、走兽及书法。与张大千并称“南张北溥”，又与吴湖帆并称为“南吴北溥”。

水源頭

樱桃沟

概 述

樱桃沟在寿安山西麓，又称退谷、水尽头、水源头、周家花园，是与卧佛寺齐名的北京西山著名历史风景名胜之一。

樱桃沟地貌结构呈梯形、树枝状分布。年平均气温 11.1℃，1 月平均最低气温 −7.1℃，7 月平均最高气温 28℃，冬无严寒，夏无酷暑，空气湿润。沟内有众多的动植物种类，这样的生态环境，自古就成为人们追求的世外桃源。它既有丰富的野趣，又有深厚的人文积淀。

樱桃沟与卧佛寺毗邻，地处卧佛寺西侧的山谷里，与卧佛寺同属一个小气候带，水出一脉，人文同根，所以在历史上人们经常把樱桃沟与卧佛寺连接在一起。

樱桃沟上起疯僧洞，下至北沟村，是一条长近 1000 米的山谷。其得名于满山的樱桃树。早在康熙年间的《宸垣识略》中，就有“樱桃花万树，春来想灼灼”的诗句。此种樱花，是中国原生种樱，花不大，果酸涩，但成片生长，在北方实属罕见。且花开烂漫，遍布山谷，景色动人。

樱桃沟见之于史料的记载是在金代章宗皇帝所建的“看花台”。据《春明梦余录》载：“隆教寺西越涧有长岭，岭半为金章宗看花台，台畔有古松一株。”《嘉庆一统志》载：“看花台在宛平县西，玉泉山隆教寺西长岭之半，为金章宗故迹。”

元代着力建设卧佛寺，樱桃沟没有大的改观。明代是樱桃沟的繁盛时期，沟内泉水淙淙，竹篁幽曳，奇石突兀，林木葱郁，众多寺观遍布沟谷两侧。见于史书记载的就有隆教寺、圆通寺、普济寺、五华寺、光泉寺、台和庵、广慧庵等。名人雅士多来樱桃沟郊游赏景，留下了大量诗篇。

明灭亡之后，樱桃沟寺毁香断，野径蓬蒿，满目荒凉。清代吏部右侍郎孙承泽于顺治十一年（1654）退隐于樱桃沟。他构筑了退翁亭、退翁书屋、烟霞窟等建筑，并题碣“退谷”，专作《退谷小志》，“退谷”二字由此成了樱桃沟的另称。孙承泽在他所著的《天府广记》《春明梦余录》两书里，详细介绍了樱桃沟景物和古迹。

康熙二十五年（1686），沟内五华寺重修。康熙年间，著名文人王士祯（字渔洋）、朱彝尊等游览樱桃沟并有大量诗作。《宛平县志》把“退谷水源”列入“宛平新八景”之内。乾隆五十年（1785）弘历帝曾到樱桃沟水源头游览，并留有御制诗。

樱桃沟得名不晚于乾隆朝。乾隆五十年（1785）四月，弘历游住香山静宜园时，曾到十方普觉寺（卧佛寺）瞻礼，并游赏古意轩、含碧亭、水源头等。《石壁临天池》诗注曰："卧佛寺西北樱桃沟有泉至观音阁，石壁下蓄有天池，流经寺前，东南引水渠至玉泉山垂为瀑布。"可见樱桃沟的名称于清乾隆朝已见记载。

自乾隆五十二年（1787）清宫如意馆人员和一些太监曾捐资修路后，樱桃沟无多大发展。清同治六年（1867）奏准，"在樱桃沟'志在山水'水源沟口扼要之地，添建堆拨一处，派兵栖止，昼夜巡查，用资守护，并于沟口迤西，卧佛寺迤西，添建卡墙二道，以防践踏"，樱桃沟遂成为皇家禁地。清光绪以后，沟内除五华寺外，其他寺庙遗迹和建筑物基本荡然无存了。

中华民国时期的樱桃沟，是私人开发的兴盛时期。清朝灭亡后，樱桃沟不再是皇家禁地，达官显贵在沟里营建私人别墅，立界碑，修围墙等，其中以周肇祥为最。

周肇祥字嵩灵，号养庵，又号无畏居士，自称退翁，浙江绍兴人，清末举人。曾任奉天警务局总办、奉天劝业道、盐运使、代理湖南省省长、河南省财政厅厅长、奉天葫芦岛商埠督办、清史馆提调等职。笃信佛教。

周肇祥工诗文，精于文物鉴赏，通文史，晚年潜心金石书画。1926年，担任中国画学研究会会长，出版会刊《艺林旬刊》《艺林月刊》。1927年与齐白石一起创办《湖社月刊》。1926年—1928年，任古物陈列所所长，在任期间，他主持了文物鉴定和分级工作，为今天博物馆的文物分类和管理打下了基础。1918年，周肇祥从清朝遗太监郝常太手中弄到了盖有龙头大印的皇家地契，在樱桃沟四处竖起了他的"静远堂界碑"。沟南坡建"鹿岩精舍别墅”；北坡广泉寺遗址修建“生圹之地”，四周用山石堆砌了围墙，南墙正中开园门，门额上嵌有周氏自题的篆书“香岩塔院”。他夫人陈默娴去世后，就埋葬在这里。现围墙、门额已塌毁，“香岩塔院”四字条石还在，墓铭“自营生圹记”字迹依然清晰。

“广泉古井”在周家茔地西南，井深六七米，有水。香山地区水源丰富，因此井虽在山上，水位却很高。

1930 年以后，樱桃沟并存三股经营者。第一个是周肇祥，前文已述，他经营着疯僧洞两侧至广慧庵一带。第二个是在城内开牛奶厂的几个资本家，占据着疯僧洞至北山上部分。第三个是白纸坊造币厂。他们从周肇祥手里租占了五华寺。这几股势力一直延续到 1936 年。

1936 年，北平民主先锋队和北平学生联合会在中国共产党领导下，于樱桃沟举办三期军事夏令营，进行政治学习、军事训练，培养了大批抗日斗争的干部，并留有“保卫华北”石刻。

之后，樱桃沟在很长的一段历史时间内，被不间断地开荒和放牧所毁，已呈光秃破碎、灌草丛生的景象。中华人民共和国成立后，樱桃沟被收归国有，由“西山风景区管理处”管理。1956 年，改归北京市园林局下属北京植物园管辖，并以“樱桃沟花园”名义对社会开放。植物园接管樱桃沟后，在沟内栽植了樱桃、丁香、牡丹等大量花卉，1958 年，新建了樱桃沟水库。至 1966 年，樱桃沟经过修复，虽未能恢复到繁盛时期的盛况，但自然山水得到了基本的修复。

“文化大革命”给樱桃沟再一次带来重大灾难，历史遗留的文物被毁，五华寺仅存的大殿被拆。中共第十一届三中全会后，樱桃沟与植物园有了飞跃式的发展，1988 年的樱桃沟自然保护区试验工程，启动了樱桃沟生物多样性的保护；红叶招鸟工程有效地在短期内“招鸟做巢”;近十年清代引水渠的恢复、水系改造、栈道的修建，全面提升了樱桃沟的环境，使得这条沟谷，受到游客的青睐，成为千年古寺卧佛寺旁一处千年胜景。

人文樱桃沟

孙承泽与退谷

宦海浮沉

樱桃沟又叫“退谷”，其名来自孙承泽。

关于“退谷”一名，现在已经鲜为人知，但是可以说，历史上如果这里没有孙承泽的出现，就没有“退谷”；就没有那么多的名人足迹、题咏。那么这条在北京并不稀缺的自然沟谷，就没有了人文的附加，自然也就没有了今天樱桃沟的美名。

孙承泽（1593—1676），字耳北，号北海，又号退谷，一号退谷逸叟、退谷老人、退翁。山东益都人，世隶顺天府上林苑。明末清初政治家、收藏家。明崇祯四年（1631）进士。官至刑科给事中。清顺治元年（1644）被起用，历任吏科给事中、太常寺卿、大理寺卿、兵部侍郎、吏部右侍郎等职。富收藏，精鉴别书、画。著有《春明梦余录》《天府广记》《庚子销夏记》《九州山水考》等四十余种，多传于世。

孙承泽是位书生，忠君思想一直在他的骨子里。但是命运弄人，崇祯十七年（1644）春李自成攻进北京，他在玉凫堂书架后自缢，被人解救，后又同长子跳井，也被救。不久即任大顺政府的防御使，又改任谏议，相当于中央一级的官员。清兵入关，顺治元年（1644）他又当上了吏科给事中，后来历任大理寺卿、兵部右侍郎、都察院左都御史等职务。

他经历了明、大顺、清，三易其主。在清廷任职十年，频繁调迁，由太常寺历大理寺、吏部、兵部，虽加太子太保、都察院左都御史衔，其实并没有得到重用，也未建立大的功勋。他心灰意冷，于顺治十年（1653）辞职，结束了他的宦海浮沉，开始著书立说。

退谷著书

退出政坛的孙承泽，先是居住在京师宣武门外寓所，顺治十一年（1654），他在西山樱桃沟筑造别墅，修造“退翁亭”，自号退翁，不问政事，吟诗赏画，以文会友，著书立说，开始了山

退翁亭

林隐逸的文人学者生活。

孙承泽十分喜爱这里,《天府广记》卷三十五“岩麓”附“退谷”记载说:

“京西之山，为太行第八陉，自西南蜿蜒而来，近京列为香山诸峰，乃层层东北转，至水源头一涧最深，退谷在焉；后有高岭障之，而卧佛及黑门诸刹环蔽其前，风阜回合，竹树深蔚，幽人之宫也！”

孙承泽晚年著述颇多，涉及史学、经学、书画等许多领域，据《大清畿辅书征》所载,已刊或未刊著作有三十余种。其中《天府广记》《春明梦余录》两书有关明代北京的建置、名胜、城池、宫殿、庙宇、衙署以及奇闻逸事，而《庚子销夏记》《闲者轩帖考》《法书集览》《砚山斋墨迹集览》都是有关书画方面的著作。

因为孙承泽在此的隐居、著述和经营，才有了退谷和今天的樱桃沟。

《春明梦余录》记载明代北京的情况，体例似政书，又似方志，分建置、形胜、城池、畿甸、城坊、宫阙、坛庙、官署、名迹、寺庙、石刻、岩麓、川渠、陵园等十四门，其中《官署》四十卷，篇幅最多，是研究明朝章典源流沿革的好材料。但是清代官方对其评价不高。文渊阁《四库全书》书前提要说："是书首以京师建置、形胜、城池、畿甸，次以城坊、宫阙、坛庙，次以官署，终以名迹、寺庙、石刻、岩麓、川渠、陵园。似乎地志，而叙沿革者甚略。"而且"每门多录明代章疏，连篇累牍，又似乎故事。体例颇为庞杂"。

出于政治立场不同，对事件的态度自然不同，清《四库全书》的编辑者认为："其好恶性情，往往如是，盖不足尽据为典要。然于明代旧闻，采摭颇悉，一朝掌故，实多赖是书以存，且多取自实录、邸报，与稗官野史据传闻而著书者究为不同。故考胜国之轶事者，多取资于是编焉。"

也正是从这个侧面，我们看到了一个历史潮流中被挟带着、纠结于到底该忠哪个君的、在痛苦中挣扎的耿直的知识分子形象。

孙承泽的《天府广记》，在占有北京历史资料方面，是可以和他自己的《春明梦余录》以及晚于他的《日下旧闻》相媲美。朱彝尊很推崇孙承泽的《天府广记》。《天府广记》只有抄本，在《四库全书》中仅列为存目。1962 年北京出版社整理出版了这部《天府广记》。

闲情逸致

孙承泽鉴赏书画，在当时已经颇负盛名，不仅古董商人持画来售，朋友们来往也多以古书画相赠。

虽然孙承泽的书画鉴藏活动开始得很早，但是真正潜心赏画、跋画以及研究书画，还是在离开政坛、来到退谷之后。远离政治，让这位才子得到了心灵的释放。对于自己欣赏的书画，他反复欣赏，爱不释手，十分痴迷，正如他在书画题跋上写的："家有小室，入冬则居之。其中置扬补之所画竹枝，赵子固水仙，王元章梅花三卷。继得吴仲圭古松泉石小幅，长条，仿宣和装，改而为卷。余以八十之老婆娑其间，名曰'岁寒五友'。四贤皆奇特之士，余不得见其人，数百年后抚其遗墨以为友，呜呼！岁寒之友，岂易得哉！退道人再记。"

正是出于对书画的痴迷，孙承泽隐居西山以后，于顺治庚子年（1660）六月，完成了他的书画著录《庚子销夏记》。该书因始著于四月，六月成书，故而名曰《庚子销夏记》。全书共八卷，著录自己所藏书画及所寓目书画。

诗友交往

他的朋友王崇简、潘宗海、陈路若、朱锡、李武曾等人常来这里与他诗酒唱和，清初著名诗人吴伟业曾作《退谷歌赠孙退翁》一诗：

我家乃在莫厘之下，具区之东，
洞庭烟鬟七十二，天际杳杳闻霜钟。
岂无林居子，长啸呼赤松。
后来高卧不可得，无乃此世非洪蒙？
元气茫茫鬼神凿，黄虞既没巢由穷。

逆旅逢孙登，自称北海翁，携手共上徐无峰。

仰天四顾指而笑，此下即是宜春宫。

丈夫踪迹贵狡猾，何必万里游崆峒？

君不见，抱石沉，焚山死，披发佯狂弃妻子。

臣庐峰，成都市，欲逃名姓竟谁是？

少微无光客星暗，四皓衣冠只如此。

使我山不得高，水不得深，鸟不得飞，鱼不得沉。

武陵洞口闻野笑，萧斧斫尽桃花林。

仙人得道古来宅，劫火到处相追寻。

不如三辅内，此地依青门，非朝非市非沉沦。

鄠杜岂关萧相请，茂陵不厌相如贫。

饮君酒，就君宿，羡君逍遥之退谷。

好花须随禁苑开，泉清不让温汤浴。

我生亦胡为？白头苦碌碌。

送君还山识君屋，庭草仿佛江南绿。

客心历乱登高目，噫嚱乎归哉！

我家乃在莫厘之下，具区之东，侧身长望将安从？

孙承泽的另一位友人胡世安为他作《退谷赋》，云：

惟谿山之窅寄，逼耳目而眩甄。阅沧桑以显迹，端有待夫幽人。缅西岑其拥翠，抉北极之石根。支太行以别构，辟水府而翕沦。兰若兮高下，亭榭兮纷寅。泉石兮错落，松桧兮轮囷。步磲硄其获峻踞，倚清樾而惬欠伸。抽毫素则已康乐，撰杖履又一子真。曹犄者文武，力营者商贾，烟霞芜径，兰芷存圃。人亦有言，闲者是主。

“退谷”泉水名闻京城,康熙年间的《宛平县志》将“退谷水源”列为“宛平新八景”之一。宋荦作诗描写樱桃沟景色，把水源头称作“水尽头”，他的《游退谷寻水尽头》一诗写道：

如笠亭开退谷前，四山积翠落层巅。
花围曲槛宜呼酒，木架荒崖任引泉。
踢石寻源闻淅历，临溪濯足爱沦涟。
萝阴窈窕苔矶静，坐听樵歌胜赏偏。

人文景观

隆教寺

隆教寺位于卧佛寺西北靠山台地上,是明成化十六年（1480）太监邓铿“廓旧庵作寺”修建的一处寺庙,明宪宗朱见深赐名“隆教”，成化二十二年（1486）重建。《日下旧闻考》载：

隆教寺在观音阁西半里许,明碑二:一《敕谕碑》,成化六年立,略云:山场东至五华观，南至门头村，西至滴水岩，北至冷泉穴。一《隆教寺重建碑》,大学士眉山万安撰,成化二十二年立。略云:成化庚子，香山之原，廓旧庵作寺，赐名隆教，升右觉义本谅右讲经，俾主寺事。寺距京城三十里许，与寿安寺相望。寺主济舟禅师者，精于法华、楞严之秘，为一方禅宗。谅往学其门，乃即兜率寺址作庵其旁，朝夕讲演甚众。

然记载与今日所见之碑的文字略有不同。

另一通碑为《敕谕碑》，明成化十六年（1480）立：

皇帝敕谕官员军民诸色人等：朕惟佛氏之教流传东土也久矣，以空寂为宗，以普度为用，上以阴诩皇度，下以觉悟群迷，功德所以幽显无间，故世好善之士、崇奉之者遐迩，亦无间也。今司设监左监丞邓鉴，于京西寿安山，以古刹年远倾圮，乃发心捐，累次赏赉银币、市材、佣工修盖寺宇。其山场东至五华观，南至门头村，西至滴水岩，北至冷泉穴，续买顺天府宛平县香山乡侯增等地，二顷二十亩有畸，以资寺僧香火之需。特赐额曰隆教，命僧录司右讲经本谅领众焚修于内，乃颁敕护持之。自今以往，

隆教寺明碑

凡官员军民诸色人等，毋得侮慢欺凌及侵占田土，以沮坏其教。敢有不遵朕命者，论之以法。故谕。

成化十六年九月十二日

从查慎行《夜宿隆教寺僧房》诗“最爱阶墀细雨中，瓦盆高下列芳丛。白花红子皆秋意，斟酌西窗一夜风”，可知清初，隆教寺尚有建筑和僧人。后倾圮，遗址仅存两块明残碑和荒弃的山场，另有一株古槐和数株古柏。地势平坦，背风向阳，土层较厚，东北部油松成林，边缘有大小侧柏成片。西门斜坡上有围墙，门楣上有“古柯高荫”额，背面“长岭停云”，院内一株古槐高大粗壮，像威武的将军，绿荫蔽日，胸围 3.5 米，估计为隆教寺初建之时所植，以树龄来推算，寺庙应有 500 多年的历史了。

为了改善卧佛寺至樱桃沟沿线景观，1984—1985 年，北京

隆教寺师竹轩

植物园对隆教寺遗址进行整治改造，开辟成一处具有古典园林风格的游览景区。改造后的隆教寺景区南接集秀园，东邻卧佛寺，西借长岭秀色，幽静清雅。临池筑轩名“师竹轩”，坡上构亭曰“涵虚”，掇石成壁，前衬竹丛，散植银杏、红枫、小檗，层次丰富，秀色宜人。隆教寺两块残碑立于该区北侧。

广慧庵

广慧庵位于樱桃沟口东侧，卧佛寺西侧。始建于明代，清初既毁，乾隆年间重建后，改名广慧观。《日下旧闻考》有这样的记载：“广慧庵遗址在普觉寺西南，明碑一，翰林院庶吉士清源胡尚英撰，万历辛卯年立。”

中华人民共和国成立后，广慧庵由北京市建设局接收，后交给北京市园林局。解放初期，中国人民解放军军乐团曾在此暂驻。中国农业科学院蜜蜂研究所在此地养蜂，由此，广慧庵交蜜蜂研究所住用。

广慧庵原有三进院落，东面还有一个跨院。由南至北依次是：山门、护法殿、中殿、后殿。护法殿与中殿间有东西配殿。中华人民共和国成立初期，中殿、后殿尚有佛像。中殿有木制佛像 2 尊，高 2 米，旁有 2 胁侍，高 1.05 米。后殿有泥塑佛像 3 尊。殿前有乾隆年间制的铁香炉和铁钟各 1 尊。广慧庵今尚存中殿、后殿和东西配殿，由中国农业科学院蜜蜂研究所住用。

金章宗看花台

金章宗在樱桃沟建有“看花台”,《春明梦余录》载 :“隆教寺西, 越涧有长岭, 岭半为金章宗看花台, 台畔有古松一株。”《嘉庆一统志》载 :“看花台在宛平县西, 玉泉山隆教寺西长岭之半, 为金章宗故迹。”

看花台前的老松, 被人多次咏诵。清代文学家查慎行有 :

寿安山头一老松, 从下仰视青童童。
羽衣仙人拥盖立, 柄短却作伛偻容。
我思蹑屩苦无伴, 范老兴到许我从。
婆娑初自枝亚入, 中乃可置一亩宫。
四傍四枝分四面, 侧理横出交蓬松。
东西南北不相顾, 意到各自成虬龙。
中间大枝衺挈领, 高势一揽收群雄。
其旁峭壁截牙角, 直下千尺方藏锋。
苍髯翠尾掉空际, 蜿蜒饮涧天投虹。
千山万山似摇动, 鳞甲未敛云蒙蒙。
须臾夕阳转西麓, 胁下习习生微风。
一声老鹤忽飞出, 竽籁散入邻庵钟。
老僧指似时代古, 手植传自金章宗。
是时朔南罢兵革, 贡使一一舟车通。
明昌泰和号极治, 击球诈马习俗同。
近郊亭馆恣游宴, 逐兽不入深榛丛。

遗山野史有深意，国亡事去忍更攻。
孤臣饮泣记旧恨，肯畏后世讥不公。
洗妆楼空春月白，射柳圃废秋花红。
一朝故物独留此，郁郁幸自蟠苍穹。
迩来四百四十载，坐阅桑海如飘蓬。
轮囷差堪伍社栎，潇洒犹足骄秦封。
君不见报国门前数株树，托根悔落尘埃中。

因年代久远，金章宗看花台已荒芜无存。

樱桃沟小路

卧佛寺西侧，有石路通往樱桃沟。右手高处，即为隆教寺。西行百米余有一券门，上书“樱桃沟”三字。从樱桃沟券门沿路西行，折而向北，此时进樱桃沟之路分为上、下两条。上路宽3米余，紧贴右侧寿安山体。下路为原来自然排洪道，为便于游客

樱桃沟券门

欣赏溪流景观，修筑了栈道。栈道在谷底水杉林中蜿蜒向北，折而向西，直达水源头。

原本为石板小路，古籍中称，若遇雨天，水落石板有乐音，惜此景已逝。

樱桃沟小路

樱桃沟水库

水库面积不大，一池碧水静卧山坳，一平桥筑于坝上，连接东西。坝上下落差 10 余米，有小亭于右侧堤坝下端，亭半露半藏，迂回石阶可上，为游客赏景休憩之处。

此处本为建于 1958 年的水量调节池，经改造，成为一景点。亭右侧，利用自然岩壁，刻有“水杉歌”。

再上，路右山体上有“寿安山”三个大字石刻，原为明代权

樱桃沟水库大坝

相严嵩所题。现为著名书法家舒同补题。

凤凰石

沿路继而北行，路东见一长 3 米、高 2.3 米、厚 2 米的巨石。相传曾有凤凰到樱桃沟饮水停栖于此，故名。石上镌有“鹿岩仙迹，退谷幽栖”八字。为民国时樱桃沟主人周肇祥所题。

“鹿岩”是指辽时有仙人骑白鹿往来于樱桃沟白鹿岩的传说，“退谷幽栖”是形容自己在这里退隐过着幽静的生活。

水杉林

从水库到北侧红星桥一段谷底，种植着大片水杉林，为 1972 年北京植物园从武汉引种栽植。

水杉属于白垩纪植物，广泛分布于东亚、西欧和北美。第四纪冰川时遭受重创，只在中国得以部分保存，因而被植物界称作“活化石”。

樱桃沟小气候湿润，背风无严寒，符合水杉喜湿怕寒的生长条件。经过 40 年生长，180 余株水杉，高已可达 20 多米，挺拔葱郁，长势良好，成为北京难得的植物景观。

水杉林

五华寺

五华寺位于樱桃沟红星桥东北山坡上，与“鹿岩精舍”隔溪相望，是樱桃沟内历史文献记载丰富，并有实物可考的最古老的人文景观遗迹。

《日下旧闻考》记载：都城之西，寿安山之北，有古刹圆殿，历久隳圮。宣德（1426—1435）初，有僧成公东洲禅师见其地径幽僻，山水环绕，遂卓庵于此。迄今五十余年，栋宇腐挠，遂僦工营之。经始于成化五年（1469），落成于乙未年（1475）。

五华寺初为五华观，金大定二十七年（1187）始建，是西山最早一处由皇帝所建的道院。《元一统志》载：“五华观，京城西北地畿一舍，有山名曰五华，挺秀于玉泉、香山两峰之间。山腹平地可居，金世宗命起道院，大定二十七年（1187）落成。”

元英宗时改观为寺，因有圆殿形建筑，而又称“圆殿寺”。

明宣德初，“有僧成公东洲禅师见其地径幽僻，山水环绕，遂卓庵于此”。其后，五华寺多次改建。

明代著名书画家文徵明，清代著名诗人王士祯，以及乾隆年间的小怡亲王弘晓和慎郡王允禧都曾游五华寺，多有题咏。

王士祯诗云：

退翁亭子苍崖前，五华古寺当其巅。
残僧夜雪煨芋火，童子开门寻涧泉。
石壁空青散云锦，金沙照曜浮清涟。
他时把酒萝荫下，风堕岩花乌帽偏。

小怡亲王弘晓和寺里当时的住持僧“秀岩上人方丈”作诗唱答：

松藤绕屋发秋花，古木疏篁一径斜。

僧以能诗似齐己，我因问道竟忘家。

心清十笏闲挥麈，尘远双林索煮茶。

门外祗容陶谢迹，软红飞不到袈裟。

乾隆五十二年（1787），宫中如意馆人员和一部分太监，为山后乡民朝香方便，专门捐资行善修路。修路功德碑原在鹿岩精舍与五华寺的分路口，现已不存。由五华寺东侧直上后山垭口的香道今尚清晰可辨。此后，随着封建王朝的衰落，五华寺也逐渐衰落了。

中华民国时期，周肇祥把五华寺据为己有。1933 年，协和医院和白纸坊造币厂联合租借了五华寺和后面山场。此间五华寺尚存有北大殿五间，3 尊铜制佛像和十几尊小佛像。

中华人民共和国成立后，3 尊铜像被历史博物馆保存。1965 年 8 月，中国计量科学研究院借用了此寺，拆毁了寺内仅存的一座佛殿，《日下旧闻考》上记载的两块石碑亦用作新建房屋的台基。

五华寺内尚存 2 株古桧柏。北面山坡上，松柏参天，铺石曲径的古香道依稀可见。

红星桥

红星桥横跨山谷小涧间，连接两山之道。此桥建于清代中晚

红星桥

期，原是城内端王府中的旧物，端王府在西城白塔寺北今育幼胡同，是清道光皇帝的弟弟端亲王绵忻的王府。20 世纪 50 年代，中国科学院幼儿园等单位使用端王府院落，将端王府石桥完整地移到樱桃沟，石桥得到了很好的保护。石桥长 12 米，宽 4 米，单孔右拱券，每侧四根竖条纹连珠束腰望柱和三块镌空宝瓶护栏板，桥头两侧各有一堆抱鼓石，桥上刻“红星桥”三个字，为郭沫若先生题写。为什么将古桥移至樱桃沟，又起名“红星桥”，详情不知，可能与当时历史背景有关。据说是 1973 年八一电影制片厂在此拍摄《闪闪的红星》外景时，请郭沫若先生题写的。古老的石桥被标上一个摩登的名字，确与环境有些不协调。

此处原为一紧贴溪水的平桥，朴素无雕饰。桥西即为“鹿岩精舍”。

鹿岩精舍

鹿岩精舍

“鹿岩精舍”是民国时期北洋军阀政府财政部长周肇祥（号养庵）在樱桃沟营建的私人别墅，又称为周家花园。别墅门楼坐西朝东，为“馒头式”，硬山顶，青灰色。门额“鹿岩精舍”，落款为“戊午三月无畏”（1918），为周肇祥所题，两边有粉墙相连。“鹿岩”是取沟内“白鹿岩”之意，代指樱桃沟。“精舍”指僧人修行居住之地，周肇祥笃信佛教，自号“无畏居士”，故有鹿岩精舍之称。别墅内有“如笠亭”“水流云在之居”“石桧书巢 ”等建筑。

退谷石刻

鹿岩精舍南侧下方的石壁，有石刻“退谷”二字，为梁启超所题。清朝初年“退翁”孙承泽曾在樱桃沟入口处题有“退谷”石刻。

孙承泽原为山东益都人，明崇祯朝进士，官至给事中，后为清朝吏部侍郎。晚年辞官隐居樱桃沟，自称“退谷居士”。居“水流云在”，书斋号“石桧书巢”。他在这里潜心著述，完成了《春明梦余录》和《天府广记》两部北京历史、地理著作。

今樱桃沟口处孙承泽所题“退谷”二字早已无存，梁启超游览樱桃沟时，周肇祥请他补题了此处“退谷”二字。

梁启超补题退谷石刻

如笠亭

如笠亭

如笠亭在鹿岩精舍门西，1.3 米高的石台上。亭方形四柱，四角攒尖，石片代瓦，面积约 10 平方米。亭高 3.5 米，南北有阶梯可登。亭名出自清代宋荦“如笠亭开退谷前，四山积翠落层颠”诗句。亭北临绝壁，南踞平坡，西出曲径。原亭在 1996 年春飓风中被毁，现亭为 1997 年春夏之交翻建。

水流云在之居

在如笠亭南高 10 余米陡坡之上，矮花墙相护。墙内一平台小院，有 3 间坐南朝北、红檐青瓦的精舍，额枋上悬挂“水流云在之居”匾。原匾为周肇祥所题，现为舒同先生补题。

水流云在之居

“水流云在之居”取意于杜甫“水流心不竞，云在意俱迟”（《江亭》）的诗句意境。

小院青砖铺地，占地约七八十平方米。院内东、西各一株白皮古松，均为一级古树。一条石渠从院中穿过。

石桧书巢

位于“水流云在之居”西南高坡上，也为一独立小院。院中南屋3间，三面出廊，规制与“水流云在之居”相同。屋檐挂有舒同题写的“石桧书巢”匾。“石桧书巢”与“水流云在之居”，原为孙承泽隐居之所的额匾，后为周肇祥题于自己的别墅。

书巢所处地势高敞，上近青天，下俯溪流，苍松翠柏矗立，白云缠绵环绕，是眺望天光云影和周围青山的佳处。此处也让我们联想到孙承泽隐居的快乐。

白鹿岩与白鹿洞

如笠亭西200余米处，有一高6米、长14米的巨石，这就

白鹿岩

是古籍记载中的“白鹿岩”。白鹿岩形似“元宝”,又俗称“元宝石”,是樱桃沟一处重要的景观。在香山地区的传说中，有“曹雪芹根据此石，创造《红楼梦》中贾宝玉”的说法。

元宝石下有洞穴，深6米，宽3.6米，高2.1米，可容10余人，相传为辽代骑白鹿神仙修行、居住的地方，名“白鹿洞”。

民国时，周肇祥曾对白鹿洞进行过清理、整修，他还在洞内嵌碑，记述了白鹿洞的传说和自己清扫白鹿洞的经过，碑云：

白鹿岩在寿安山中，辽时有仙人骑白鹿往来于此，故名。岩为空石，下覆中空，视半椽，殆洪荒之水，激而成也。明中叶西僧居之，败榻遗灶有存者，久废弗治，湿秽不容趾，惟牧羊儿借避风雨耳。甲戌春（1934），率童仆事修剔。叠石为床响明作牖。古桧裂石出，垂荫如翠幄，大涧当在，曰水源头。暑雨初过，山泉积注，携亏就石洼。欲罢入息，清凉彻毛骨，几疑身置冰壶雪窦间。书此告来游，无令独享为愧也。

乙亥三月退翁周肇祥并书

石上柏

木石姻缘

白鹿岩的西南山坡上，有一块巨石，石高10余米，宽4米，中间裂有石缝，其间，一株侧柏生出。石上柏高达10米多，干周长达1.8米，其根粗壮如巨蟒，挤满整个石缝，树龄达四五百年。

古人松桧不分，人常谓之松树，称“石上松”。《春明梦余录》记载曰：“独岩口古桧一株，根出两石相夹处，盘旋横绕，倒挂于外……是又岩中之奇者也。”周肇祥描述石上柏说：“古桧裂石出，垂荫如翠幄。”

民间相传此乃曹雪芹《红楼梦》中，宝黛“木石前盟”的原型所在，为樱桃沟重要的景观之一。

志在山水

志在山水

与白鹿岩隔溪相对的岩石上刻着“志在山水”四个字，字下无落款。根据史料记载，同治六年（1867），“在樱桃沟‘志在山水’水源沟口扼要之地，添建堆拨一处，派兵栖止，昼夜巡查，用资守护”。可知，至少为清同治时期“志在山水”四字就已经刻在这里了，很有可能是热爱山水的散淡之人所为。石刻下面的缝隙为水源头泉水出处。

舒同题“水源头”

水源头

水源头也称“水尽头”，在白鹿岩北的乱石丛中，“志在山水”石下，水出石罅中。有“水源头两山相夹，小径如线，乱水淙淙，深入数里”的记载，当时情形可以想见。水源头“水分二支，一至退谷之旁，洑流地中，至玉泉山复出；一支至退谷亭前，引灌谷前花竹”。

明朝中叶，水源头已成为文人墨客的游览胜地，明文学家文徵明、谭元春、倪元璐等先后来到这里，吟诗留念；清代初年，朱彝尊、王士祯、汤右曾、宋荦等也曾游览此地，留下了不少关于水源头的诗篇，如明人谭元春有《入水源》诗，清人汤右曾有长诗《水源头》等。明清文人墨客，写水源头的诗不下数十首。

泉水上方巨石上“水源头”三字原为“退翁”孙承泽所题，现已无存，现在“水源头”三字为著名书法家舒同所题。

退谷亭

从水源头北坡上，有一石亭，即“退谷亭”。亭方形攒尖，上覆石瓦，朴素淡雅。向东两柱上镌“行至水穷处，坐看云起时”，取自王维《终南别业》诗，为周肇祥所建。

“保卫华北”石刻

白鹿岩东涧谷南坡上，有一块长2米、高1.2米的青石，上刻“保卫华北”4字，每字25厘米见方，这块石刻记述了一段令人难

“保卫华北”石刻

忘的历史。

1980 年 6 月，北京市植物园工人在清除樱桃沟旁杂草时，发现一块大青石上刻有“保卫华北”字迹。时逢北京市政协主席刘导生到樱桃沟视察，经他证实，4 字是一二・九运动时爱国学生留下的。

20 世纪 30 年代，日本帝国主义步步紧逼，策划“华北五省自治”，妄图分裂进而灭亡中国。北平学生于 1935 年 12 月 9 日掀起了轰轰烈烈的“一二・九爱国运动”，反对国民政府的妥协，要求政府抗日。为了迎接日益高涨的抗日形势，培养革命力量，中华民族解放先锋队和北平学联一起组织北平各大学校在樱桃沟举办夏令营，讲解当前形势，进行军事训练。清华大学赵德尊与北京大学陆平二位学生，一起在石头上雕刻了“保卫华北”4 个大字。

“收复失地”石刻

“保卫华北”石刻对面石壁上还刻有“收复失地”4字，被杂草掩映，亦为此时所刻。

一二·九运动纪念亭

“保卫华北”石刻对面，紧靠“收复失地”石刻，为一二·九运动纪念亭。

纪念一二·九运动50周年前夕，时任中宣部部长邓力群等人倡议在樱桃沟建立一二·九运动纪念碑，缅怀革命先烈并启教后人。

1984年12月8日下午，一二·九运动纪念亭奠基典礼隆重举行，全国人大常委会委员长彭真为“一二·九运动纪念亭”题写碑名，国务委员、一二·九运动老战士康士恩和北京市政协主席刘导生为纪念亭破土奠基。

一二·九运动纪念亭由共青团北京市委和北京市学生联合会募捐建造，北京工业大学建筑系宋晓松、李长生设计，占地0.1公顷，由三座三角形小亭组成。

三座纪念亭坐落在黑白相间的花岗岩台基上，周围矮墙覆盖粉红色花岗岩压面石。中央主亭高5.5米，边长5米，两边次亭高4.2米，边长1.8米。三角形寓意为一二·九运动举办军事夏令营时露营帐篷缩影；三个三角形组成一个立体的“众”字，寓意着广大民众的觉醒和人民众志成城抵抗侵略的决心；挺拔的建筑线条象征青年朝气蓬勃、积极向上的精神；大小三组建筑表示革命传

一二·九运动纪念亭

统代代相传，革命事业后继有人。

北面山坡处，矗立着长28米、高3.3米的纪念碑。黑色大理石碑身，镌刻着彭真的题字“一二·九运动纪念亭”，碑文由刘炳森书写，碑文如下：

一九三五年，日本帝国主义的铁蹄在践踏了我国东北之后，进一步伸向华北。华北之大，已经安放不下一张平静的书桌了！当中华民族面临生死存亡的危急关头，十二月九日，在中国共产党的领导之下，北平（北京）的青年学生率先奋起，发动了震惊中外的“一二·九”学生运动，吹响了抗日救亡运动的号角，拉开了全国抗战的序幕，在中国青年学生运动史上写下了光辉的一页。

为了缅怀革命先辈的英雄业绩，继承和发扬中国青年运动的革命传统，激励青年为振兴中华，实现四个现代化而努力拼搏，特在当年一二·九运动时期的重要活动地之一——樱桃沟（曾举

一二·九运动纪念亭彭真题字

办过军事夏令营，培训抗战骨干）建立纪念亭，永志纪念。

共青团北京市委员会

北京市学生联合会

一九八五年十二月九日建立。刘炳森书

一二·九运动纪念亭是进行爱国主义教育的地方，在这里人们可以感受到当年青年学子在面临国破家亡的情况下，奋起抗争、保家卫国的情形。

疯僧洞

沿白鹿岩与石上柏之间的小径直上，走过一段路程，可以看到路边有一块奇特的大石头，此石一人多高，上下笔直，如同刀斧削过一般，称为“立石”。顺“立石”而上，有一块巨大的岩石，其下有一石窟，深六七尺，内狭外阔，这就是有名的“疯僧洞”。关于疯僧洞还有一个古老的故事呢。

相传很久以前，有一疯僧经过樱桃沟，发现此地山清水秀、树木葱郁，是一个修行的好地方，因此决定住下来。他认为白鹿洞内部比较广阔，又紧靠水源头，适合居住，便想入住使用，不想白鹿洞已为一道士占据。两人为争夺白鹿洞，相约斗法定输赢。结果疯僧不敌，只得放弃白鹿洞，逃到山上一个洞窟继续修行，这个洞窟因疯僧住过，故名。

道士和疯僧的故事也被曹雪芹写入《红楼梦》，不过在小说里，他们已经不是对手，而成为携带顽石来到世间的神仙了。

普济寺碑

普济寺

疯僧洞之东，现有五间废弃的房屋，俗称“五间房”，原为明代普济寺旧址，《日下旧闻考》载：

“普济寺遗址尚存，有断碑一，明僧道深撰，正统十一年立，略云：香山乡五华之西，层峦巨壑，叠嶂悬崖，双涧交流，千岩毓秀，可为梵刹，募众缘鸠工建造，额曰：普济禅寺。又建尊胜宝塔一座，兴工于正统八年，完于丙寅之秋，僧国观为住持……尊胜塔废址在寺东，高三尺余。"

文中提到的断碑已粘接好，现保存在曹雪芹纪念馆后碑林中。从碑文可知，普济寺住持为"圆观"，而不是《日下旧闻考》中所记的"国观"，《日下旧闻考》所记有误。

《宛署杂记》第二十卷中记载唐顺之咏《普济寺》诗曰：

宛转云峰合，微茫鸟道通。
闲来竹林下，醉卧石房中。
阴涧泉先冻，阳崖蕊尚红。
攀萝探虎穴，憩石俯鲛宫。
上客思留带，山僧不避骢。
夜深清啸发，流响入寒空。

五间房后有一石碌，山下的沟壑中有石碾一盘，疑为普济寺旧物。

金鸽台

疯僧洞南有一条狭窄的山沟，最窄处仅有四五米宽，这里是"樱桃沟西沟"，当地人称为"耗子尾巴"。

沿山沟里行，一堵峭壁眼前突起，高百尺余，石壁之上布满横向裂纹，这就是"金鸽台"。相传这里曾经有两只金鸽居住，它们白天到水源头饮水嬉戏，晚上就来此居住，深受当地百姓的喜爱。有一天，樱桃沟来了一个风水先生，他看到金鸽后，顿生贪心，伺机埋伏在水源头，乘机抓走了一只金鸽。金鸽是水源头泉水的守护者，一只金鸽被捉走后，水源头的两股泉水就只有一股流水了。剩下的一只金鸽飞到金鸽台上哀鸣不止，最后也飞走了。它感念平日乡亲们对它的爱护，没有将剩下的一股泉水带走。

金鸽的传说寄托了人们对美好事物的热爱和对自私自利之人的厌恶和愤怒，不过，金鸽台上确实曾经寄居了大量的野鸽，每到日暮归巢之时，群鸽齐鸣，乌翼遮日，实为一大景观。

广泉寺和广泉古井

广泉寺在《帝京景物略》《天府广记》《日下旧闻考》《宸垣识略》《光绪顺天府志》等书均有记载，明代《帝京景物略》中于奕正《广泉废寺》诗曰：

何代山藏寺，松杉今古阴。
佛荒迷半髻，钟断覆全音。
偶与闲人步，殊关创者心。
辞泉寻径去，叹息出高林。

释修懿《广泉废寺》诗曰：

破寺住余晖，萧萧鸟乱飞。
殿荒藤作壁，佛老薜为衣。
云遏钟声杳，苔封屐齿稀。
伫看兴废事，惆怅暮山归。

从这些记载来看，明末，广泉寺已经成为废寺，“殿荒藤作壁”“苔封屐齿稀”，记录了广泉寺的萧条引来诗人对古寺兴废的感叹。民国时期广泉寺遗址被北洋政府大员周肇祥购买，修建“生圹之地”。现在还留有围墙、松柏、周氏自题的“香岩塔院”篆书门额条石和《自营生圹记》。

广泉古井在广泉寺南口，井口上覆两块石板，其一石板上刻有“广泉古井”四字，为周肇祥所刻，现字迹已经风化不清。

《日下旧闻考》引《天府广记》载：“（玉皇庙）殿侧有满井，水可手掬。西山山顶之井，广泉寺与此为二，谷中瀹茗取给二井。”由此可知，清代西山一带建在山顶上的水井只有广泉井和玉皇庙殿侧的满井，而且二井的水质很好，可以用来烹茶。

明人李元弘作《广泉废寺》诗，云：

不知山有径，白日气森森。
殿挂幡幢索，铃摇梵呗音。
所嗟僧易去，亦叹佛无心。
作礼悄然去，归云已在林。

广泉古井

清初，辞宦归故里，以书画著述终老的著名诗人严荪友曾在广泉寺居住，此事有王士祯《怀严荪友住广泉寺》诗为证：

不识广泉寺，泉源有路通。
羡君成独往，深夜伴支公。
涧水声闻寂，林花色相空。
九峰归去客，微尚想能同。

可知，寺虽已废，但建筑尚存，故经整理，尚可居住。

雍正、乾隆年间，著名文学家曹雪芹住在山下的正白旗、镶黄旗一带，距离樱桃沟颇近，时常到沟内散步采风，曾与友人张宜泉来广泉寺游玩。当时，曹雪芹游兴大发，信口作《西郊信步憩废寺》一首，惜其原诗无存，而张宜泉则有《和曹雪芹西郊信步憩废寺原韵》诗，云：

君诗曾未等闲吟，破刹今游寄兴深。
碑暗定知含雨色，墙隤可见补云阴。
蝉鸣荒径遥相唤，蛩唱空厨近自寻。
寂寞西郊人到罕，有谁曳杖过烟林。

红学家徐恭时先生作《有谁曳杖过烟林——曹雪芹和张宜泉在北京西郊活动之片断》一文，指出张宜泉与曹雪芹一起游赏的那座废寺就是寿安山上有名的广泉寺。

周肇祥在樱桃沟居住时，将广泉废寺的地址作为自己的墓地，故称“生圹”，其亡妻陈慕娴葬于此地，周肇祥称此地为“香岩塔院”。“文化大革命”中，墓被毁坏，内有周肇祥“自选生圹记”石幢。

望雨楼

从退谷亭东循径而上可登临“虎山”，山上有一两层阁楼，名为“望雨楼”。望雨楼方形，水泥结构，原为西山林场为防火而建的瞭望台，匾额为廖沫沙所题，有对联一副，曰：

天下苍生待霖雨，满山红叶望云霓。

道出了楼名的含义：造林、防火，盼望下雨；细雨时节，登楼远望，樱桃沟内烟雨朦胧，所有景观笼罩在细细的烟雨中，别有意味。

望雨楼为附近较高的建筑，是俯瞰植物园整体环境的最佳地点之一。

环翠别墅

从望雨楼顺防火道上行，路边有一处荒弃的房屋，这就是民国时期几位资本家建造的环翠别墅。别墅环境优雅，是周末休憩的佳处。

环翠别墅右为山道，左为崖谷，据许惠利《卧佛寺与樱桃沟》记载，废弃的石台向东百米处有“环翠”石刻一块。

半天云领

自环翠别墅继续上行，可至樱桃沟北山顶。山顶地势两边高中间低，东部称“燕儿岭”，西部称“白梨坪”，中间地势较低的这一块山地，称作“半天云岭”。

半天云岭为清代樱桃沟名景之一，因岭后一马平川，适于远望，鹫峰、妙高峰、七王坟、九王坟、冷泉、黑龙潭、太舟坞尽收眼底，相传清朝帝后，每至重阳必至此地登高望远。

清人麟庆著《鸿雪因缘图记》中有《半天御风》一文记载自己登临半天云岭的情况：

余之宿卧佛寺也，问半天云、水源头、樱桃沟、五华寺、红黑门、退翁亭、水塔园、看花台、烟霞窟诸名胜，僧言：“樱桃沟有大盘石，上建观音阁，前临方池，在行宫内。五华寺在岭上，水源头即在寺后。”一老头陀言：“红门即普福庵，黑门即广慧庵，久废。烟霞窟在水源头，儿时记有一亭，今圮。水塔寺去岭西二十里，有园一区，近年英中堂寓焉，岭畔有地名看花台，只一古松，岭甚峻险，俗名跌死猫，过岭非山舆不可，惟不识半天云所在。”余商之二客，贻斋游兴俱豪，早起遣车马取道赴大觉寺，而同乘肩舆寻水源头。泉语出乱石间，如琴始张。谷口甚狭，乔木荫之，有碣曰“退谷”。其东石门，隶书“烟霞窟”三字尚存，草没亭基，荒寂殊甚，想见退翁（孙承泽先生字）著《春明梦余录》时情景。出谷上岭，过五华寺，再上，见涧西古松一株，横拖岭半，读断碑知为金章宗看花台，并知半天云即岭名也。登极顶，见四山皆童，下舆东望都城，郁郁葱葱，双阙九门，缥缈目际，愧无研京、炼都才赋之。天风倏至，百窍尽号，山适缺一面，受风几欲挟舆而飞，谨倚石立，闭目息声，时虞倾坠。风过，下岭三里许，复值一岭，如磨盘，每盘直下三百步，凡五十四盘，始下抵蜘蛛山。山开灰窑，岩下有潭，从者投石其中，轰然作响。西过白家滩，望城子山顶紫宸宫，绀殿凌虚如垂天半。沿溪西南行，清池曲径，中辟一园，颜曰“观颐山墅”。英煦斋师题，今还竹泉侍郎（名英瑞，满洲，举人）矣。回忆在南河时，师曾手书水塔园诗相寄，为之怆然。

半天云岭还是观赏红叶的绝佳之地，山岭南北栽植有大片黄栌、五角枫，每至秋季，数百米长的山岭上，片片红叶如彩云般，与周围苍松翠柏形成鲜明的对比，壮观景色不亚于香山。

宝座石

半山云岭中有一块巨石，相传慈禧太后曾经在此坐过，称为“宝座石”。此石形如座椅，可扶可踏。

慈禧太后的妹妹嫁给七王醇亲王奕譞为妻，先于慈禧去世，葬于今北安河乡妙高峰，因体制关系，慈禧不能亲到墓前祭奠，于是重阳登高之际，至此地西北远望七王坟，以寄托自己的哀思。慈禧站累了，就坐在这块石头上休息，民间称曰“宝座石”。

三炷香

白梨坪后三峰并峙，天多云时，云气缭绕于三峰之间，如同点燃的三炷香火，故名“三炷香”。

三炷香之名的来历还有另外一种说法，明朝某位帝王去黑龙潭祈雨，当他站在画眉山上南眺时发现，远处仿佛有三炷巨大的烟气缭绕，似在烧香一般，仔细观看方知是三座山峰，因而将之命名为“三炷香”。

自白梨坪顺山路而下，沿途松柏茂密，小路崎岖，直到五华寺，出来即到红星桥了，这一条路线上有金章宗看花台、武松脚印、五华寺等景点。

圆通寺、太和庵

圆通寺、太和庵位于樱桃沟内水源头附近，始建与废毁年代无考，现已无遗迹。《钦定日下旧闻考》卷一百二记载：“观音石阁而西有隆教寺。又西上，圆通寺。望太和庵前，山中人指曰：水尽头，泉所源也。又西上广泉废寺，北半里为五华寺”；“由卧佛寺殿右侧出小门西数十步，有巨石突立，高可三丈，凿石为磴以上为观音堂。前临池，右有泉、有桥。渡桥为隆教寺……复上得圆通庵，其右为太和庵，泉水源于此。”明末刘侗、于奕正的《帝京景物略》卷六《水尽头》条记云：“观音石阁而西，皆溪，溪皆泉之委……其南岸皆竹，竹皆溪周而石倚之。燕故难竹，至此林林亩亩……过隆教寺而又西，闻泉声……花竹未役，泉犹石泉矣……西上圆通寺，望太和庵前，山中人指曰：水尽头儿，泉所源也……又西上，广泉废寺，北半里，五华寺。”刘侗游览的这个山谷，古称“退谷”，“樱桃沟”乃是俗名。从全文看，他以一路上的古刹作为标志来显示行踪，由东到西依次是隆教寺、圆通寺、太和庵、广泉废寺和五华寺。由此可以看出，圆通寺与太和庵相邻，位于樱桃沟水源头以东，且圆通寺即圆通庵。这五座庙，如今都没有了。

樱桃沟盛景

明代是樱桃沟大规模开发时期，环山寺庙林立，先后建成的寺庙有五华寺、普济寺、广泉寺、隆教寺、广慧庵、圆通寺、太和庵等数十处。樱桃沟内泉水淙淙、竹篁幽曳、奇石突兀、林木葱郁，加上众多的寺观遍布沟谷两侧，幽邃静谧的樱桃沟一下子热闹起来，形成了寺庙、泉水、篁丛、红叶、奇石五大奇观。

山桃花盛开的樱桃沟

泉水

樱桃沟内水源丰沛，除水源头外，如今疯僧洞的上方还有一处，明代此处建有普济寺，《日下旧闻考》记载："寺西山径之旁，盘石侧立，高广各丈余，下有沸泉，深不盈尺，广尺余。"其余无名小泉遍地皆是，观山景、听鸣泉自有一番特别的感觉。

篁丛

即竹丛。竹子生于南方，因南北气候差异，一般北方竹子长势较差，尤其是地处北国的北京，成丛成林生长的就更为罕见。樱桃沟四面环山，南面的樱桃沟口比现在小得多，所谓"两山相夹，小径如线"。加之，沟内泉水淙淙，环境湿润，使得沟内温度、湿度都比沟外高不少，较适宜竹子生长。丰茂繁盛的竹林点缀于山涧，自然是北国一道独特的风景。

奇石

是樱桃沟内的另一胜境。樱桃沟为第四季冰川冲击而成，故整条沟内怪石嶙峋，大者如凤凰石、白鹿岩（元宝石）、石上松，小者不计其数，各有所像。此外，樱桃沟内因气候温湿，生有大量野花，故金章宗于此建"看花台"，漫山遍野的野花，与众多的奇石、山泉相配，实为北国少有的佳景。

红叶

为西山名景，樱桃沟内的红叶在明代堪与香山红叶媲美。当时，樱桃沟一带遍生枫树、黄栌、柿树，每值秋季，树叶转红，层林尽染，遍山红透。明人作文描写说："叶紫紫，实丹丹，风日流美，晓树满星，夕野皆火。"著名作家倪元璐有《秋入水源》诗，云：

山将枯去晚烟肥，茅屋人家红叶飞。

我说是秋都不信，此间春却未曾归。

黄叶村秋色

一诗写尽满沟秋色。

樱桃沟内寺庙多由明代太监供奉，战乱纷争，太监们自顾不暇，寺庙失去靠山，也大都荒废；清初近二十年的时间里，人们忙于从战乱之中恢复家园，无心游赏，樱桃沟内寺毁香断、满目蓬蒿。

此时，樱桃沟迎来了它的一位重要主人——孙承泽。正是因为孙承泽对樱桃沟的倾心营造，才使得这条沟谷“二度复兴”，享誉今日。

今日樱桃沟

樱桃沟丰富的人文景观，首先取决于它的良好的生态环境和优美的自然景观。经过几百年的人类经营，它已经成为既是历史悠久的名胜，又是天然植物群落与人工植物群落相融合、多种动植物共存，具有良好生态环境的园林风景区。

对于它的保护、修复，成为北京植物园一项重要任务。

设立樱桃沟自然保护区

保护自然资源和提高生态环境质量是人类生存的必要，也是世界发展的趋势。早在 20 世纪 50 年代植物园建立之初，植物学家秦仁昌、俞俊德先生就建议在香山林区建立自然保护区，使樱桃沟地区的山林形成天然植物群落与人工植物群落相融合、生物种群丰富的生态类型，创建全国第一个距离城市最近的自然保护试验区。

1987 年，北京植物园向国家科委提出了“樱桃沟自然保护区试验工程”课题立项申请，1988 年获得国家科委批准。课题时间为 1988 年至 1992 年。课题邀请了生态学、动物学、环境学、植物学、社会学等 19 位专家做了两次科学严谨的论证，并聘请了北京师范大学生物系，首都师范大学生物系、地理系，北京自然博物馆和北京市环境科学研究院共 37 名科研人员参加保护工程的实施。

试验工程为多学科性试验，确定了“地质、地貌、物候及小气候检测分析”“环境质量的调查及检测分析”“植物区系和生态调查”“人类活动对植物群落、结构和功能影响的研究”“人文历史遗迹及旅游资源的考察”“鸟类招引及小动物驯化试验”“植物引种配置与环境整治改造”为主要研究项目。

经过几年努力，各项研究项目均获取大量的一手资料，取得丰硕成果。1992 年 11 月，得到各方专家的一致肯定，1993 年获得北京市科技进步二等奖。试验工程结束后，樱桃沟正式开辟为“自然保护试验区”。

招鸟工程

1984 年至 1987 年，由张佐双主持、俞恩佳参加的红叶招鸟工程，经过三年的实施，取得了保护和招引鸟类控制园林害虫的丰硕成果。

鸟是人类的朋友，是园林的卫士。由于历史的原因和人们对鸟类缺乏科学的认识，北京的鸟类无论种类和数量，均明显减少。国际上把对鸟类的保护和合理利用，作为衡量一个国家和地区自然环境、科学文化水平和社会文明进步的标志之一，因此，尽快增加北京鸟类的种类和数量，生态环境上都有非常重要的意义。

自 1984 年开始,结合城市园林的特点,经过 3 年的试验研究,“红叶招鸟工程”课题组摸清了在城市园林中保护和招引鸟类切实可行的技术和措施：

1. 宣传爱鸟、护鸟,制止人为捕杀,控制化学农药的过量使用。

2. 设置喂食台 100 个，喂水器 6 个，悬挂人工巢箱 1500 个，营巢率 83%，有 1245 个巢箱中有鸟繁殖，为鸟类提供生存繁衍条件。种植适于鸟类栖息的竹林和鸟类喜食的结实浆果的灌木丛。

课题组采用保护和招引鸟类的措施，有效地控制了园林主要害虫。首创了应用陶制巢箱以及竹制、木制巢箱，其特点是经济美观又经久耐用，且招引率高，在招引鸟类工程中值得大力推广。

短短几年，植物园内鸟的种类和数量由 1984 年的不到 10 种增加到 41 种，其中食虫鸟 11 种，数量增加 19.8 倍，主要园林害虫大幅度下降。减少了农药施用量，保护了生态环境，摘掉了“无鸟首都”的帽子，取得了社会、环境、经济三方面的效益。

1987 年 10 月 20 日，招鸟工程通过国家科委新技术局组织的专家鉴定。

现在，植物园范围内，特别是樱桃沟地区，已经形成了良好的自然生态环境，多种动植物按照自然法则共存，实现了“生物的多样性”。

引水石渠

水是园林的灵魂。西郊水脉丰沛，因此，京西皇家的每一次造园都是一次理水的过程。乾隆十四年（1749），乾隆皇帝为了建造清漪园，对京西水脉进行了大规模的整治。

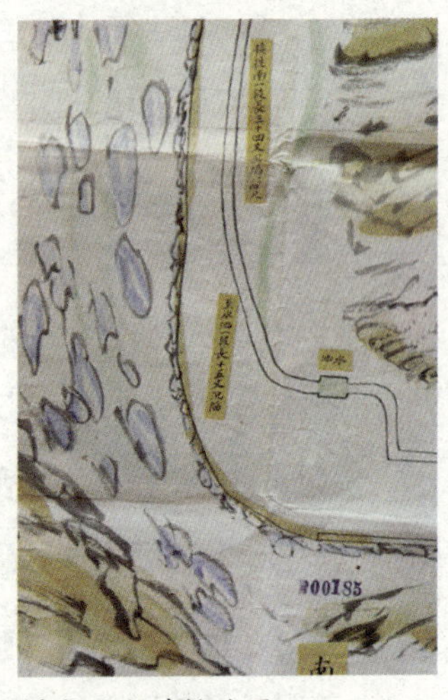
样式雷水沟做法图

出于园林造景的需要，乾隆皇帝下令营造了一道自碧云寺、静宜园、樱桃沟至玉泉山西麓的引水工程，利用石制的水槽将碧云寺、静宜园、樱桃沟等地的泉水引到静明园西麓。这一工程的建造，不仅保证了玉泉山西部的园林景观的创造与维护，同时也形成了京西一道独特的风景。

《日下旧闻考》卷一百一《郊坰·西十一》对这一引水工程的起始点有这样的记载：“一出于十方普觉寺旁之水源头，一出于碧云寺内石泉。”《日下旧闻考》卷八十五《国朝宫苑·静明园》载：“练影堂、挂瀑檐诸水源，一自香山碧云寺出，一自卧佛寺后引注，经妙喜寺导入园中，汇为湖。”

用木制、石制槽具输送水流，是山地居民引水常用的一种方式，在北京地区的园林、寺观中也不罕见。

元代曾用渡槽引渡金水河至琼华岛。《辍耕录》载：“万岁山之东有石桥，长七十六尺，阔四十一尺，半为石渠，以载金水，而流于山后，以汲于山顶也。”所谓“半为石渠”，即是说桥上一半供行走，另一半做成石渠，以渡金水。

香山一带也是如此。据金人朱澜《五华观碑记》载，五华寺“西北约二三里有泉出焉，引之以渠，直至飞泉亭”。卧佛寺观音阁附近也有明代建造的石槽，嘉靖二十年（1541）曾重修，并立碑以为纪念。如今，碧云寺、大觉寺内仍用石槽引渡泉水，形成环绕寺庙的独特景观。

但是，与寻常的石渠引水不同。碧云寺、樱桃沟至玉泉山之间地势起伏，不少区间存在较大的高度落差，如何因地制宜地安置引水石槽，使水流能够顺利传送到玉泉山，就成为工程设计者和施工者必须解决的问题。

为了解决这一问题，在借鉴以往引水工程经验的基础上，设计者设计出在地势低下地方建造石墙，将河槽置于墙上，从而使水流能够保持水平，同时，结合石池（主要用于高水位落差之地）等方式，将碧云寺、樱桃沟的泉水顺利输送到玉泉山。于是，形成了从碧云寺、樱桃沟到玉泉山长达数里的输水石槽，某些地方石墙高达数米，蔚为壮观。

静宜园、樱桃沟至玉泉山引水工程的建设，使得玉泉山西部景区得以建造起来，在泉水南流的作用下，结合玉泉之水，使玉泉山南部景点丰富化。在引水工程的作用下，整个静明园景点形成了一个完整的园林系统。

周维权《清漪园史略》写道："乾隆十四年冬……将寿安山、香山一带的大小泉流集中起来，利用石槽导引而东，汇合玉泉山之水，再经过一条输水干渠'玉河'而注入西湖。"

《钦定日下旧闻考》卷一百一《郊垌·西十一》对碧云寺、樱桃沟至玉泉山引水工程的经由路线做了最基本的描述，云："自西北来者，尚有二源，一出于十方普觉寺旁之水源头，一出于碧云寺内石泉，皆凿石为槽以通水道……兹二流逶迤趋赴至四王府之广润庙内，汇入石池，复由池内引而东行。"

也就是说，一支由碧云寺至四王府，一支由樱桃沟至四王府，二支合流，东下至玉泉山。

关于碧云寺、樱桃沟至玉泉山引水工程的长度，蔡蕃先生曾做过估算。他在《北京古运河与城市供水研究》中写道："石槽总长约 7 公里：卧佛寺至广润庙约 2.8 公里，香山院墙至广润庙约 2.2 公里，广润庙至玉泉西麓约 2 公里。"

张宝章先生引用同治年间的“样式雷”原始记载，指出：“樱桃沟、碧云寺、静宜园内外来源处起，到静明园内挂水池止，通共明、暗水渠凑长二千九百九十丈零四尺。”按照一丈十尺，清代营造尺每尺 32 厘米的规制计算，整个引水工程总长度约为 9569.28 米。

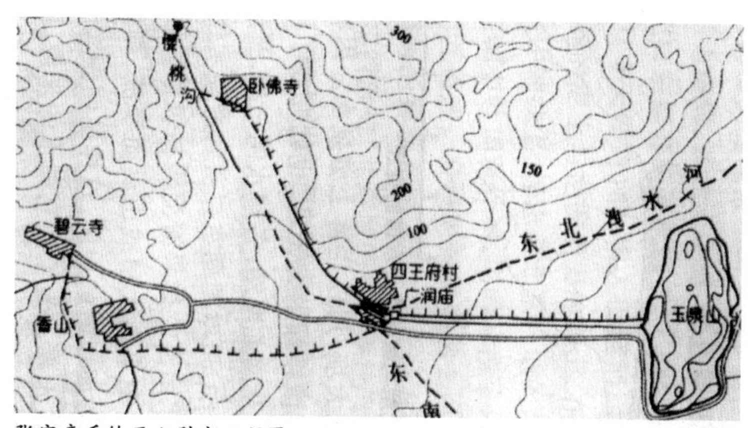

张宝章手绘西山引水工程图

由于年代久远和受水流量的影响，引水石渠已经失去了原本的功能。2013 年，北京植物园根据史料和样式雷图纸，对樱桃沟石渠做了挖掘考证，并部分恢复了清溪流淌的景观。

景观提升工程

樱桃沟景观提升工程于 2014 年 9 月实施，2015 年 9 月竣工。

项目包括土建工程、给排水工程、电气工程、绿化工程、广播监控工程、水库防渗工程及其他内容等几方面。工程对沿线的水源头、退谷亭、一二·九运动纪念广场、石桧书巢、红星桥周边，凤凰石、看花台、退翁亭、如笠亭和水杉亭都进行了改造提升。这次提升改造还在水系上增加了喷雾装置。

栈道　游客最直接感受到的变化，是樱桃沟的新建木栈道，总长 1125.37 米，从沟口随山谷蜿蜒直至樱桃沟水源头。人们行走其上，上有水杉蔽日，下有小溪潺潺流淌，林间鸟语啾啾，春有野花相伴，秋来红叶飞丹，每当喷雾装置开启，沟谷内栈道四周，团团白雾随风飘荡，人行其间，如履仙境。

樱桃沟栈道

水杉亭　位于樱桃沟水坝下方，2014 年樱桃沟提升工程所建。亭四角攒尖，有阶梯，上可通樱桃沟小路，下可通栈道。亭侧石

水杉亭

壁上镌有《水杉歌》，供穿越水杉林、在亭中小憩的人们欣赏。

水杉歌

纪追白垩年一亿，莽莽坤维风景丽。
特西斯海亘穷荒，赤道暖流布温煦。
陆无山岳但坡陀，沧海横流沮洳多。
密林丰薮蔽天日，冥云玄雾迷羲和。
兽蹄鸟迹尚无朕，恐龙恶蜥横駊娑。
水杉斯时乃特立，凌霄巨木环北极。
虬枝铁干逾十围，肯与群株计寻尺。
极方季节惟春冬，春日不落万卉荣。
半载昏昏黯长夜，空张极焰光朦胧。
光合无由叶乃落，习性余留犹似昨。
肃然一幅三纪图，古今冬景同萧疏。

三纪山川生巨变，造化洪炉恣鼓扇。
巍升珠穆朗玛峰，去天尺五天为眩。
冰岩雪壑何庄严，万山朝宗独南面。
冈达弯拿与华夏，二陆通连成一片。
海枯风阻陆渐干，积雪冱寒今乃见。
大地遂为冰披覆，北球一白无丛绿。
众芳逋走入南荒，万汇沦亡稀剩族。
水杉大国成曹郐，四大部洲绝侪类。
仅余川鄂千方里，遗孑残留弹丸地。
劫灰初认始三木，胡郑几继前车凡。
亿年远裔今幸存，绝域闻风剧惊异。
群求珍植遍遐疆，地无南北争传扬。
春风广被国五十，到处孙枝郁莽苍。
中原饶富诚天府，物阜民康难比数。
琪花琼草竞芳妍，沾溉万方称鼻祖。
铁蕉银杏旧知名，近有银杉堪继武。
博闻强识吾儒事，笺疏草木虫鱼细。
致知格物久垂训，一物不知真所耻。
西方林奈为魁硕，东方大匠尊东壁。
如今科学益昌明，已见泱泱飘汉帜。
化石龙骸夸禄丰，水杉并世争长雄。
禄丰龙已成陈迹，水杉今日犹葱茏。
如斯绩业岂易得，宁辞皓首经为穷。
琅函宝笈正问世，东风伫看压西风。

艺文华彩

明代诗文

普济寺

唐顺之

宛转云峰合，微茫鸟道通。
闲来竹林下，醉卧石房中。
阴涧泉先冻，阳崖蕊尚红。
攀萝探虎穴，憩石俯鲛宫。
上客思留带，山僧不避骢。
夜深清啸发，流响入寒空。

《宛署杂记》第二十卷

广慧庵同谭梁生、袁田祖雨宿于司直旧斋

谭元春

山泉处处虚，细雨欲何如。
滑有明朝路，安惟旧日居。
榻多僧出乞，砚在客来书。
静守禅灯暗，知无火照墟。

《帝京景物略》卷六（卧佛寺）

初夏再过广慧庵

倪有淳

频年曾此住，山气入门幽。
不改僧钟磬，多经客去留。
绿方迷径草，红欲到盆榴。
熟鸟惊飞去，惭余是再游。

《帝京景物略》卷六（卧佛寺）

广慧庵坐月

释修懿

为暑趋山寺，山空月似秋。
苍苍诸嶂合，皎皎一庭幽。
树响通悬谷，花香来近丘。
静听松露下，宿鸟几惊投。

《帝京景物略》卷六（卧佛寺）

卧佛寺观石洞寻源至五花阁

文徵明

道傍飞涧玉淙淙，下马寻源到上方。
怒沫洒空经雨急，洑流何处出烟长。
有时激石闻琴筑，便欲沿洄泛羽觞。
还约夜凉明月上，五花阁下听沧浪。

《帝京景物略》卷六（水尽头）

从卧佛寺缘涧至水源

陈瓒

一泉分碧绕精蓝，云壑逶迤振策探。
崖转细流生乱石，风回清响下苍岚。
行当密树迷深径，觅到幽源恰傍庵。
老矣何心犹世味，泠然弧榻梦应酣。

《帝京景物略》卷六（水尽头）

登五花阁

文肇祉

薜萝深处一虹流，碎石疏花曲磴幽。
游客集林仍自僻，茆堂踞壑即如楼。
凭栏远指千峰雨，高阁虚疑五月秋。
欲住此山释部，只愁车马未应休。

《帝京景物略》卷六（水尽头）

秋入水源

倪元璐

山将枯去晚烟肥，茅屋人家红叶飞。

我说是秋都不信，此间春却未曾归。

《帝京景物略》卷六（水尽头）

水源看红叶

王应翼

霜受有深浅，果叶亦异姿。

浓澹入遥空，薄霞生余枝。

微照何能及，爱此山风吹。

鳞鳞红相触，自然有参差。

我作春容观，反尔忘其衰。

其情领冬气，乃以色终之。

高岭及幽壑，升降目所私。

不见横斜影，山山相蔽亏。

《帝京景物略》卷六（水尽头）

游卧佛寺寻山泉发源处

黄耳鼎

古佛卧不坐，古泉山不谷。

其道良有然，思之已幽曲。

所以石壁间，繇径往且复。

鳞鳞柿辉光，实叶丹相属。

秋成顾不劳，鸟残人踏蹴。

每泉分一枝，为竹万竿绿。

破寺疑无僧，乃见僧来肃。

泉起佛坐边，允矣根因夙。

《帝京景物略》卷六（水尽头）

入水源

谭元春

岚交四野雨初归，湿满幽崖日抱晖。

寺寺秋深深不得，蜻蜓蝴蝶暖中飞。

《帝京景物略》卷六（水尽头）

太和庵前听泉

谭元春

石选何方好，波澜过接时。

应须高下坐，徐看吐吞奇。

鱼出声中立，花开影外吹。

不知流此去，响到几人知。

《帝京景物略》卷六（水尽头）

太和庵前听泉

于奕正

踞石坐高下，泉流石亦往。

入松失其涛，静边见天象。

携来一片心，到此而惝恍。

《帝京景物略》卷六（水尽头）

水源

释修懿

乱石参差出，泉光碎不全。
源应逢此地，声始沸何年。
吹壁寒秋雪，翻涛响暮烟。
稽留来听者，几坐几回眠。

《帝京景物略》卷六（水尽头）

五花寺

释修懿

五花何代寺，一月两回过。
避麝腥归草，生凉气在萝。
供茶僧太老，题碣字皆磨。
风送诸山暝，移筇发浩歌。

《帝京景物略》卷六（水尽头）

水源

谭贞默

寻入太和庵，忽见水穷际。
石角相扶持，开辟无根蒂。
黄叶栖树间，鸟鸣时一坠。
飞觞过泉峡，杂坐互倾递。
余饮不逾合，漱泉以当醉。
鹿鹿羁鞅人，遇此发清慧。

《帝京景物略》卷六（水尽头）

游卧佛寺至水源

张学曾

秋色照衣上，晴旭明林端。
塔指高峰白，溪心落叶丹。
僧贫知寺僻，客少为山寒。
绝壁天光薄，分泉地脉宽。
柿林影鞊鞨，竹圃声琅玕。
挥杖穿丛薜，持觞就沍湍。
招游三竺似，静日小年般。
石磬因风远，绳床对月残。
醉归仍缓步，歌咏有余欢。

《帝京景物略》卷六（水尽头）

入水源

毛锐

入山幽不已，岩想初古霹。
有径盘青螺，无土柔片席。
卧难择石危，我困泉亦急。
僧于险处庵，依石依松立。
出地水迟疑，相观坐环曲。

《帝京景物略》卷六（水尽头）

太和庵崔开予见过

毛锐

秋山肃霜容，秋庵夜气洁。
来我所怀人，茗酒深怡悦。
冻萤映窗飞，鸟啼晓将彻。
濛濛雾片时，乃见山分别。
数星枫树红，一段柏径折。
溪声出有踪，石际非霜雪。
夜语寐未成，朝光复难辍。

《帝京景物略》卷六（水尽头）

水源赠僧

李元弘

僧慵烟灶与泉通，寺熟归云牖牖同。
得水竹光争日好，矜秋柿粉饱霜红。
老安丘壑神明肃，静对人天瓶钵空。
羡尔今年生计稳，西戍消息在林中。

《帝京景物略》卷六（水尽头）

水尽头

无名子

双流决决鸣，石根失其一。
弃糠于此中，应从玉泉出。

《日下旧闻考》卷一百二《郊垧·西十二》

清代诗文

题孙北海退翁亭

王崇简

卧佛廊西去，深岩小径平。
地因荒刹旧，亭得退翁名。
旷野凭栏出，幽泉绕谷生。
柿林修竹里，随处作秋声。

《天府广记》卷之四十四

居退谷潘宗海陈路若来访

孙承泽

寂寂山扉掩，欻然二妙来。
莺啼青谷口，犬吠白云隈。
睡起茶方熟，诗成雨欲催。
非君多道气，谁为破苍苔？

《天府广记》卷之四十四

又送潘陈二君

孙承泽

三日深岩里，蝉联话满床。
渔郎寻旧艇，樵子隐新篁。

澒洞风尘隔，弥漫云水长。

知君回首地，不复见沧浪。

《天府广记》卷之四十四

春日送朱锡鬯、李武曾两文学游退谷

孙承泽

西山景色当春好，闻说往游兴爽然。

嗟我衰年笻靠壁，羡君俊气马双联。

路经石瓮皆陵树，桥过青龙见玉泉。

若到退亭应有句，题诗须近石墙边。

《天府广记》卷之四十四

退谷白樱桃

周亮工

花间婉转风团玉，月底依微露洗珠。

自浣绛唇歌白苎，任他红泪滴冰壶。

《因树屋树影》卷四

五华寺

王士祯

退翁亭子苍崖前，五华古寺当其巅。

残僧夜雪煨芋火，童子开门寻涧泉。

石壁空青散云锦，金沙照曜浮清涟。

他时把酒萝阴下，风堕岩花乌帽偏。

《宸垣识略》卷十五

怀严荪友住广泉寺

王士祯

不识广泉寺，泉源有路通。
羡君成独往，深夜伴支公。
涧水声闻寂，林花色相空。
九峰归去客，微尚想能同。

《宸垣识略》卷十五

广泉寺用阮亭题钝庵洞庭诗卷韵

宋荦

山椒旭日哢春禽，破寺何妨振策寻。
荒径有人挑笋蕨，残碑无字纪辽金。
禅房叠石吴中手，别院看花世外心。
雅爱僧雏能解事，硬黄一幅索清吟。

《宸垣识略》卷十五

水源头

汤右曾

深山避荦确，踏石畏硖错。定非善游人，济胜两芒屩。
我闻水源头，迢递入榛薄。居人导我前，步步进还却。
下如临深渊，上如梯高阁。水细流涓涓，沙明石凿凿。
琐碎陨繁星，高闳张广幕。绣若藻采披，划然斧斤削。
溪回路频转，琤淙下略彴。再过乃得之，源深流不涸。
得非滋山根，元气有橐籥。或者百川水，各各通海若？
昔闻此两源，今者泻一壑，其下有洑流，沸出玉泉脚。

水清可以鉴，泉甘可以勺。小憩登顿疲，徐悟游赏乐。
归途穿蒙茸，草树纷枝格。樱桃花万树，春来想灼灼。
寒林饶脱叶，绝涧有堕雀。溅溅水渐远，仙径迷采药。
回首烟霞姿，粗能举其略。

《宸垣识略》卷十五

退谷

朱彝尊

退翁爱退谷，未老先抽簪。
行药乱峰路，筑亭双树林。
闲中春酒榼，静里山泉音。
满目市朝贵，何人期此心？

《宸垣识略》卷十五

五华寺

弘晓

五华亭子据山巅，万树樱桃一色嫣。
歇马柳阴游赏遍，还依石磴听流泉。

《明善堂诗集》第六卷

登五华寺栖云阁观壁间经畬主人题句

弘晓

五华高阁凌青天，云扃岫幌当其巅。
退翁亭西重怀古，携童招客心悠然。
东山风流已绝世，吾家小谢追前贤。

清词丽句戛天籁，翩翩笔势银钩悬。

我生雅有山水癖，但逢佳处频留连。

樱桃花谢奈花白，间关好鸟声如弦。

寻源岂惜踏涧石，绕趾激激鸣清泉。

人生出处贵适意，何暇对景论枯禅。

《明善堂诗集》第三十一卷

晚至五华寺

弘晓

清和残照麦风柔，景物凭阑一放眸。

题壁漫劳红袖拂，诗情画意总风流。

初秋过秀岩上人方丈和壁间紫琼叔韵

弘晓

松藤绕屋发秋花，古木疏篁一径斜。

僧以能诗似齐己，我因问道竟忘家。

心清十笏闲挥麈，尘远双林索煮茶。

门外祗容陶谢迹，软红飞不到袈裟。

《明善堂诗集》第二十七卷

再和世一叔登五华阁韵兼赠秀岩上人

弘晓

五华高阁妙香闻，胜地招余不厌频。

香染天花飞化雨，钟敲远岫送归云。

昔随杖屦寻佳句，今对银钩续旧文。

（昔从紫琼叔倡和于此）

俯仰秋空景如昨，翠篁深处又逢君。

《明善堂诗集》第三十七卷

《熙朝雅颂集》中樱桃沟诗

晚至樱桃沟

永忠

一峰背夕阳，列柏发清吹。
乱石如卧羊，细泉来何自？
风落含桃花，红白纷若织。
磐陀不计年，趺坐忘世累。
虽不携酒铛，茗饮亦成醉。
醉睡此石间，主客将焉寄。
暝色暗遥林，月上僧归寺。
还登退翁亭，村沽聊见意。
野老送海棠，童子拾山翠。
更约朱樱红，重来得饱食。

退谷

李基和

山自逶迤水自流，碧云黄叶总兼秋。
禅关闭处无人到，古佛清清一寺楼。

广泉寺吊自饶上人

李基和

风落疏林木叶喧，鸟啼寂寂易黄昏。

老僧归去禅灯晦，万壑千岩自绕门。

李基和，字协万，号梅崖。直隶奉天（今辽宁沈阳）人，后移居京江（今江苏丹徒），汉军镶红旗人。康熙十二年（1673）进士，根据乾隆年间《临清州志》记载，李基和于康熙十九年（1680）十一月到临清就任，任期不足一年，后辗转升任贵州按察使、湖北布政使、江西巡抚，以风节清明而著称。

午至退谷

蔡珽

古寺深林里，翛然昼闭关。

泉声随乱石，落日照秋山。

远岭牛羊小，高原禾黍间。

自然心目爽，尘虑一时删。

由退谷至广泉道中

蔡珽

曲曲绿坡道，悠然策杖登。

乱溪惟见石，半岭忽逢僧。

径转已无路，山开又一层。

祇园钟鼓静，何处觅秋灯。

宿广泉寺

蔡珽

牛羊下孤岭，落日暗远川。
暝色入幽谷，山翠冷暮烟。
凉风吹户牖，归鸟栖檐前。
疏林度清磬，一灯僧舍悬。
深山少更漏，独向西窗眠。
静坐见明月，欹枕闻寒泉。
岩壑锁阒寂，转觉百虑煎。
良时不再得，胡为尘绁牵。

蔡珽，字若璞，号禹功，汉军人。康熙丁丑进士，改庶吉士，散官，授检讨，累官吏部尚书、直隶总督，降奉天府府尹，有《守素堂诗集》。

晓游烟霞窟

双庆

客子行吟处，空山正夕晖。
破烟幽磬出，隔树老僧归。
石乱泉还细，林深鸟不飞。
层峦供啸傲，谁道素心违。

重游西山五华寺四首

重来徙倚地，负手对丛岚。
暗树通幽径，回峦抱小庵。
梵音空谷应，云影半塘涵。

莫笑频过此，登临性所耽。

偶尔浮生暇，还来绝巘行。
屐怜芳草印，杖喜乱峰迎。
小蝶寻花影，新蝉和树声。
回头尘世远，赢得此心清。

匝月再经过，归禽识故林。
名山携友地，客子卧云心。
花落空怜昔，吟成复慰今。
闲来留咏处，剥藓细追寻。

幽意林泉得，青山系梦魂。
招凉飞雨谷，入画夕阳村。
细水穿云出，闲樵隔树言。
为怜僧有约，信宿傍空门。

双庆，字咸中，号有亭，又号西峰，满洲旗人。雍正癸丑进士，改庶吉士，散馆授编修，官至礼部侍郎。有《亲雅斋诗草》。

水尽头

罗泰

泉声引我行，山声随我入。
行到水尽头，白云忽然立。
万木气森森，乱壑风习习。

冷然快冥搜，暮归衣袂湿。

罗泰，字介昌，满洲人，举贤良方正，由佐领累官副都统，有《西园集》。

退翁亭

彭振翱

小亭今古锁烟霞，窈窕西山望转赊。
怪石倚岩蹲虎豹，老松垂涧走龙蛇。
披襟凉受诸天雨，侧帽香簪御苑花。
欲就上方闻半偈，湿云浓雾路全遮。

彭振翱，字风远，一字培山，汉军人，有《萃苹诗钞》。

弘晓《明善堂文集》卷之二

重修退翁亭记

西山之有退谷，为退翁孙氏之所居，如郑子真隐于谷口、曰郑谷焉。地以人名也；群山回合，泉流映带，建亭于中，曰“退翁”。如环滁之有醇翁焉，亭以人名也。

当西山之麓，据林泉之胜，俱载于《退谷小志》，兹不更述。惟志中所称谷东卧佛寺即今之普觉寺，建亭之时，颓废已久，蒙世庙敕修，以今名界。王考为香火院，于是规模宏丽，象教聿兴。

中设王考神位。余春秋展祀，经退谷，尝憩于亭。因思退翁躬际盛明之朝，甘为肥遁举者，何哉？

夫进思尽忠、退思补过，纯臣之义也；羔裘委蛇、退食自公，大夫之职也。而退翁之志殆非是欤？

乙酉初夏，余躬诣普觉，以含桃荐庙，复憩于斯，而亭为风雨倾圮，榱桷颜联悉供寺僧之爨，惜胜迹之荒坠，同行道之兴嗟。矧亭不甚敞，费亦颇俭，爰捐资，命工因材补葺，仍复旧观。不特便行旅之往来与，炎熇荫庇，倘恭遇翠华经过，亦庶免山灵之朴陋，讵非斯亭之幸欤？

退翁名承泽，其生平事实，国史备载。固不必以一亭之创举，而为斯人之所轩轾也。是为记。

《日下旧闻考》载退谷诗文

原：观音石阁而西有隆教寺。又西上，圆通寺。望太和庵前，山中人指曰：水尽头，泉所源也。又西上广泉废寺，北半里为五华寺。(《帝京景物略》)

臣等谨按：此条所载诸寺宇皆在普觉寺之西。观音阁即观音堂，建于大盘石上，阁前为方池，阁左为山庙，庙旁有《重修永漕碑记》，无撰人姓名，嘉靖辛丑年立。隆教寺在观音阁西半里许，明碑二：一《敕谕碑》，成化六年立，略云：山场东至五华观，南至门头村，西至滴水岩，北至冷泉穴。一《隆教寺重建碑》，大学士眉山万安撰，成化二十二年立。略云：成化庚子，香山之原，廓旧庵作寺，赐名隆教，升右觉义本谅右讲经，俾主寺事。寺距京城三十里许，与寿安寺相望。寺主济舟禅师者，精于法华楞严之秘，为一方禅宗。谅往学其门，乃即兜率寺址作庵其旁，朝夕讲演甚众。圆通寺、太和庵、广泉寺今并废。五华寺本朝碑一，世袭一等子加一云骑尉张朝午撰，康熙二十五年立。又明碑一，礼部正直郎倪让撰，嘉靖十一年立，略云：都城之西，寿安山之北，有古刹圆殿，历久隳圮。宣德初，有僧成公东洲禅师见其地径幽僻，山水环绕，遂卓庵于此。迄今五十余年，栋宇腐挠，遂僦工营之。经始于成化五年，落成于乙未年。水尽头亦名水源头，详见后条。

原：玉莲池在五华山上。(《寰宇通志》)

臣等谨按：玉莲池疑即观音阁前之池，然不可考矣。

原：广惠寺在府西三十五里，旧名五华寺，正统七年改建。(《明一统志》)

补：由卧佛寺殿右侧出小门西数十步，有巨石突立，高可三丈，凿石为磴以上，为观音堂。前临池，右有泉、有桥。渡桥为隆教寺。泉从寺前渡，溯泉行三里，上岭为五华寺，下岭复循水行，再登一岭为广泉寺，循故道，下复上得圆通庵，其右为太和庵。泉水源于此。一方亭据其上，旁泉多乌桿文杏。渡泉有鸟道，行三里许，为普济废寺。寺前一岭，上有小圃，中一石如钵，水冬夏不涸，村民都取汲于此。(《山行杂记》)

臣等谨按：普济寺遗址尚存，有断碑一，明僧道深撰，正统十一年立，略云：香山乡五华之西，层峦巨壑，叠嶂悬崖，双涧交流，千岩毓秀，可为梵刹，募众缘鸠工建造，额曰“普济禅寺”。又建尊胜宝塔一座，兴工于正统八年，完于丙寅之秋，僧国观为住持。又寺西山径之旁，盘石侧立，高广各丈余，下有沸泉，深不盈尺，广尺余，当即宋彦《山行杂记》所称“一石如钵，水冬夏不涸”者也。尊胜塔废址在寺东，高三尺余。

原：瓮山西北越横岭，白鹿岩在焉。有白石如幢，屹立岭上，微有字画，然薄蚀不可辨矣。岭外连峰不断，一峰最异，白鹿岩也。岩高数十丈，嵌空欲堕，中虚，可旋两车。岩左一隙如窗棂，下视深窅，不知所际。相传，辽时有仙人骑白鹿往来斯岩，故名。登岩顶瞰万寿山，如竖掌指。有古槐一株，根出两石相夹处，盘旋横绕，倒挂于外，大可百围，色赤如丹砂。岩角有茅舍，闻有西僧居之，黄眉红颊，采草根和水以食，语音不通，见人嘻笑而已，不知何年至此，栖迟是山也。(《大江集》)

臣等谨按：瓮山详见前卷，白鹿岩相传普济废寺后山巅即其地云。

原：水源头两山相夹，小径如线，乱水淙淙，深入数里，有石洞三，旁凿龙头，水从龙口喷出；又前数十武，土台突兀，有石兽甚巨，蹲踞台下，相传为金章宗清水院。章宗有八院，此其一也。水分二支，其一伏流地中，至玉泉山涌出。(《春明梦余录》)

臣等谨按：水源头石洞及石兽今尚存，土台及龙口喷水处不可复辨矣。

补：西山水源头，其西水尽头。《尔雅》：水醮曰厬，是也。有无名子《题邻寺壁》云：双流决决鸣，石根失其一。弃糠于此中，应从玉泉出。(《青鞋踏雪志》)

增：水源头一涧最深，退谷在焉，后有高岭障之，而卧佛寺及黑门诸刹环蔽其前，冈阜回合，竹树深蔚，幽人之宫也。(《天府广记》)

臣等谨按：黑门即普觉寺东之广慧庵，详见后条。

增：谷口甚狭，乔木荫之，有碣曰“退谷”。谷中小亭翼然，曰“退翁亭”，亭前水可流觞，东上则石门巍然，曰“烟霞窟”，入则平台南望，万木森森，小房数楹，其西三楹则为退翁书屋。（《天府广记》）

臣等谨按：退翁亭及石门上隶书“烟霞窟”三字额今尚存，余迹俱圮废。

原：隆教寺西，越涧有长岭，岭半为金章宗看花台，台畔有古松一株。（《春明梦余录》）

臣等谨按：看花台无考。今涧西崖侧有松一株，未知即台畔之松否也。详见后条。

增：谷西越涧而过，则长岭横拖，岭半古松一株，夭矫磅礴。（《天府广记》）

臣等谨按：涧西古松与退翁亭遥峙，下有盘石，可坐数十人。

明代刘侗《水尽头》

观音石阁而西，皆溪，溪皆泉之委；皆石，石皆壁之余。其南岸皆竹，竹皆溪周而石倚之。燕故难竹，至此林林亩亩。竹丈始枝，笋丈犹箨；竹粉生于节，笋梢出于林，根鞭出于篱，孙大于母。

过隆教寺而又西，闻泉声。泉流长而声短焉，下流平也。花者，渠泉而役乎花；竹者，渠泉而役乎竹；不暇声也。花竹未役，泉犹石泉矣。石罅乱流，众声澌澌，人踏石过，水珠渐衣。小鱼折折石缝间，闻跫音则伏。于苴于沙，杂花水藻，山僧园叟不能名之。

草至不可族，客乃斗以花，采采百步耳，互出，半不同者。然春之花尚不敌其秋之柿叶，叶紫紫，实丹丹，风日流美，晓树满星，夕野皆火。香山曰杏，仰山曰梨，寿安山曰柿也。

西上圆通寺，望太和庵前，山中人指曰：水尽头儿，泉所源也。至则磊磊中，两石角如坎，泉盖从中出。鸟树声壮，泉唶唶，不可骤闻。坐久，始别，曰：彼鸟声，彼树声，此泉声也。

又西上，广泉废寺，北半里，五华寺。然而游者瞻卧佛辄返曰：卧佛无泉。

后　记

承蒙北京出版集团、北京市地方志编纂委员会办公室副主任谭烈飞先生和原北京市园林局史志办主任王来水兄的举荐，我在《北京植物园志》的基础上，编著了《京华通览》之《卧佛寺樱桃沟》一书。

2000 年，我刚刚调回北京植物园工作。在王来水主任的强烈推荐下，我接手了《北京植物园志》的编纂工作。在重新梳理和成书的过程中，我这个“新兵”被两位领导的“匪面命之，言提其耳”。还好，我还算努力，使得《北京植物园志》在我的手里付梓。而这一段工作经历，对我的人生却产生了重大影响，以至于后来的我不再愿意写轻飘飘的个人情感散文，因为历史的厚重让我感受到了生命的另一重意义——要留下有价值的东西。

卧佛寺和樱桃沟是北京地区著名的历史人文景观。由于其位于北京植物园之内，地域和行政均归属北京植物园管理处。它的历史悠久，文化积淀深厚，但又有别于现代植物园的人文主题，因而将这部分单独成书，以飨读者。

虽然相较植物园的建设，卧佛寺和樱桃沟没有什么“发展变化”，但这正是成绩所在。对这些古人留下的宝贵财富进行妥善地保护，并让它们为当今社会服务，是管理者的责任与担当。

《京华通览》丛书要反映 2017 年的情况，而《北京植物园志》的下限只记述到 1994 年。这中间 23 年来的卧佛寺和樱桃沟的保护、修缮情况，需要重新梳理和补充。幸好我曾经做过“卧佛寺历史资料汇编”的课题，手里掌握了大量的一手资料，因此这一工作对我来说，还相对容易些，不至于束手无策。

在整个编写过程中，我得到了植物园老园长张佐双先生、现任党委书记齐志坚先生、海棠专家郭翎先生、植物园副园长魏玉先生的支持；收集照片和资料的过程中，得到了黄亦工、刘东来、陈雨、李鹏、郭小波、林立、樊志斌、顾斌、张铁强等诸位先生的帮助，在此一并感谢。

在编写《卧佛寺　樱桃沟》一书时，我深深感受到做这个工作的乐趣。面对同样的客观景物，通过整理古诗词、文献资料，我能穿越千百年的时空与古人神会，感受物是人非的沧桑岁月，在思辨和舍取中，或会心一笑，或拍案啧啧，其中百味，我心自知！在同一个坐标点上，浏览千年历史流变，无形中增加了自己的历史人文素养——此乃我个人的最大收获。

在此，也对悉心指导此书的北京出版集团编审于虹表示真诚的谢意。感恩所有的朋友！

2018 年 12 月